KB208944

김동호와
부산국제
영화제

national Film

PIFF 2010
7-15 October

지은이 | 김동호

만든이 | 최수경

만든날 | 2024년 10월 10일

펴낸날 | 2024년 10월 25일

만든곳 | 글마당 앤 아이디얼북스

　　　　　(출판등록 제2008-000048호)

　　　　　경기도 파주시 문발로 240-21 2F

전　화 | 02)786-4284

팩　스 | 02)6280-9003

이　멜 | madang52@naver.com

ISBN | 979-11-93096-08-6(03300)

책값 18,000원

** 허락없이 부분 게재나 무단 인용은 저작권법의 저촉을 받을 수 있습니다.

** 잘못된 책은 바꾸어 드립니다.

부산국제영화제는
오늘의 'K-시네마'
시대의 초석을

1996년 나는 젊은 영화인들의 '열정'에 이끌려 이들과 함께 부산국제영화제를 창설했다. 그리고 '헌신적 노력'을 기울여 15년을 이끌었다.

부산국제영화제는 짧은 기간에 아시아 정상의 영화제로 성장했고 모든 분야에서 변화를 이끌었다.

부산을 '영화의 도시'로 만들었고, 2000년대 한국영화의 고도성장을 견인했다.

한국영화는 부산을 '창구'로 전 세계로 진출했고, 오늘의 'K-시네마' 시대의 초석을 놓았다.

　부산국제영화제는 내 인생의 행로를 '관료'에서 '영화인'으로 바꾸어 놓았고, 나라 안에서 활동해 왔던 나를 세계를 무대로 뛰어다니는 '국제인'으로 변신케 했다. 많을 때는 일 년에 스물네 번을, 지난해에만 해도 아홉 번을 해외에 나갔다.

　부산국제영화제의 성공은 '아시아의 신인 감독을 발굴한다'라는 목표와 이를 뒷받침하는 프로그램과 프로젝트가 적중했기 때문이다. 아시아영화아카데미(AFA), 아사아프로젝트마켓(APM)이 그 대표적 사례다.

　그러나 무엇보다 함께 창설하고 이끌었던 김지석(작고)과 이용관 전양준 박광수 오석근과 강수연(작고), 역대 프로그래머들과 직원들, 자원활동가들의 헌신이 있었기에 성공할 수 있었다.

　　문정수, 안상영(작고), 허남식, 오거돈, 박형준 역대 부산광역시장과 중앙정부의 지원이 뒷받침되었고 정희자 관장을 비롯한 후원자들, 부산의 언론과 국내외 영화인들, 특히 부산시민들의 성원이 있었기에 성공했다. 이 모든 분께 깊은 감사를 드린다.

　　지난 2011년, 국민일보에 내 글을 연재해 준 임순만 편집국장과 관계자분들께도 감사드린다.
　　이 글은 그때 연재했던 원고 내용을 대폭 수정, 보완한 것이다.

　　끝으로 출판을 맡아준 글마당 앤 아이디얼북스의 최수경 대표와 편집디자인팀 그리고 귀한 사진 자료를 제공해 준 부산국제영화제 박도신 위원장과 지석영화연구소 주현기 팀장에게 감사드린다.

2024년 가을

CONTENTS

SCENE 1

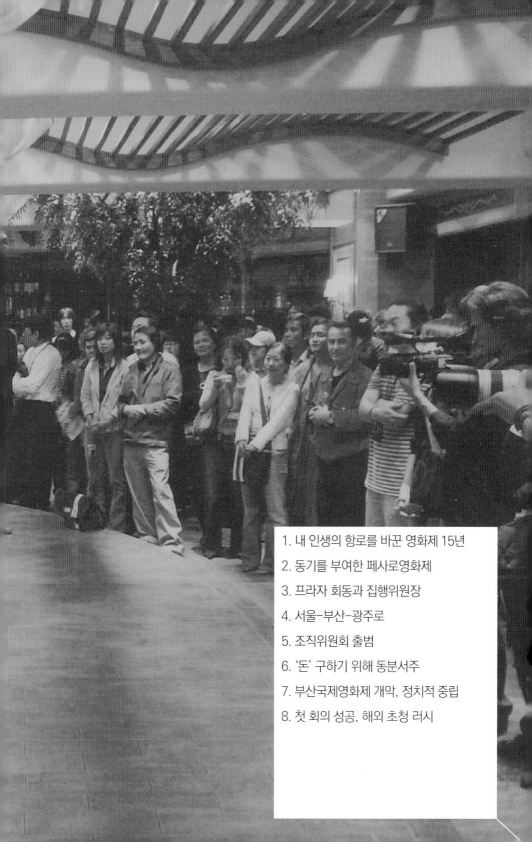

> 1995년 8월, 젊은 영화인들의 열정에
> 감동해서 집행위원장을 맡아 주변의 우려
> 와 반대에도 '오기와 집념'으로 1년간 준
> 비, 1996년 9월 13일 부산국제영화제를
> 출범시켰다. 그 후 15년. 나는 나의 모든
> '지혜와 열정'을 쏟아 영화제를 이끌었다.

1.
내 인생의 항로를 바꾼
영화제 15년

| '관료'에서 '영화인', '미스터 킴'으로 불리는 '세계인'으로

내 서재에는 등받이에 내 이름이 새겨진 세 개의 감독의자(디렉터스 체어)가 있다.

하나는 제6회 영화제가 끝난 직후인 2001년 12월 1일 베를린에서 개최된 영화제 집행위원장들의 정상회의'에 참가, 무대 위에 앉아 질문을 받던 의자이다.

칸은 개인 사정으로 참석을 못했고 베를린, 베니스, 카를로비 바리, 산 세바스티안, 로카르노, 선댄스, 토론토, 로테르담과 부산영화제 등 9개 영화제 집행위원장들이 참석했다. 불과 6년 만에 세계 10대 영화제의 대열에 올랐다는 것을 상징적으로 말해 주는 의자다.

두 번째 의자는 2005년 제10회 영화제에서 박찬욱, 봉준호 감독이 이끄는 디렉터즈 컷(영화감독조합)에서 '명예감독'으로 위촉받은

의자다.

세 번째 의자는 2010년 내 퇴임식 때 후원사였던 프랑스 에르메스 회사가 나에게 준 수제 의자다.

이처럼 이 세 개의 '감독의자'는 부산국제영화제 15년간의 성장 과정을 상징적으로 말해 주는 의자이다.

1995년 8월, 젊은 영화인들의 열정에 감동해서 집행위원장을 맡아 주변의 우려와 반대에도 '오기와 집념'으로 1년간 준비, 1996년 9월 13일, 부산국제영화제를 출범시켰다. 그 후 15년. 나는 나의 모든 '지혜와 열정'을 쏟아 영화제를 이끌었다.

부산국제영화제는 아시아 정상의 영화제로, 세계가 주목하는 영화제로 성장했다. 부산을 '영화의 도시'로 변모시켰고 2000년대 초반 이후 고도성장을 이룩한 한국영화를 견인했다.

▶ 이재용 감독의 〈정사〉에 출연한 저자(오른쪽), 옆은 배우 이영관, 송영창.(1998년)

그리고 한국영화는 부산국제영화제를 '창구'로 칸, 베를린, 베니스 등 크고 작은 영화제를 통해 전 세계로 뻗어나갔고 오늘의 'K-시네마'의 초석을 놓았다.

영화제를 이끈 나의 신념은 간명했다.

첫째, 개·폐막 영화를 포함한 모든 영화의 선정은 '프로그래머'들에게 맡기고 나는 일절 관여하지 않았다.

둘째, 첫 회부터 내가 떠날 때까지 장관이나 정치인들이 '무대'에 올라가거나 '연설'하는 일은 철저히 배제했다. 심지어 대통령선거 때 각 당의 후보자들이 개막식에 참석해도 '소개'나 '인사'도 못하게 함으로써 정치적인 중립을 고수했다. '지원은 하되 간섭은 배제한다.'라는 원칙을 세웠다.

▶ 2012년 단편영화 〈주리〉로 영화감독으로 데뷔했다. 〈주리〉를 모니터링 하고 있는 저자.(가운데)

   셋째. 나는 부산시와 정부, 외부 기관들과의 협력관계를 원활하게 만드는 일에 주력했다. 정부와 시의 예산확보, 기업협찬을 구하는 일에 주력했다.

   넷째, 나는 특히 전 세계영화제, 영화기관들과의 협력을 증대시켜 영화제의 '외연'을 넓히는 데에 힘을 쏟았다.

   이러한 나의 역할과 신념이 영화제를 성공시킨 또 하나의 원인이 되지 않았나 생각한다.

   부산국제영화제는 나 자신에게도 엄청난 변화를 가져다주었다. 내 인생 행로를 '관료'에서 '영화인'으로 바꿔 놓았고, 세계 어디에 가든, 누굴 만나든 '미스터 킴'으로 불리는 '세계인'이 되었다.

▶ 제7회 영화제 시상식에서 평생공로상을 수상한 인도네시아의 배우 크리스틴 하킴과 일본의 고레에다 히로가츠, 왼쪽부터 영화제 조만고 회장, 하킴, 고레에다, 저자(명예회장).(2024년 7월)

먼저 명실상부한 '영화인'이 되었다.

1996년 제1회 부산국제영화제가 성공하면서 영화감독도 평론가도 아닌 나는 '영화제 전업 심사위원'이 되기 시작했다.

1997년 로테르담영화제의 심사위원장으로 초대받은 이후 도쿄필름엑스, 베오그라드, 바르셀로나, 브라티슬라바, 아시아태평양영화상 등 15개 영화제는 심사위원장으로, 칸의 '주목할 만한 시선부문'을 포함하여 몬트리올, 모스크바 등 30개 영화제는 심사위원으로 초대를 받았다.

나는 '영화배우'로서의 경력도 쌓았다.

〈정사〉(1998, 이재용)에 처음 출연한 이후 〈개입자,(Intruder)〉(2004, 클레어 드니), 〈이리〉(2008, 장률), 〈달빛 길어 올리기〉(2011, 임권택) 등에 대사가 있는 단역배우로 출연했기 때문이다.

▶ 제1회 호찌민영화제 폐막식, 왼쪽 두 번째 집행위원장 토니, 부집행위원장 플로라, 저자(명예위원장).(2024년 4월 13일)

또한 나는 영화제작자 즉 프로듀서의 역할과 영화교수로서의 경험도 축적했다.

동신대학교 객원교수(1996~1998), 중앙대학교 예술대학원 객원교수(1996~1999)를 거쳐 중앙대학교 연구교수(2000~2004)로 재임하면서 석·박사 과정 제자들과 『구주 및 유럽의 영화정책』(2000, 영화진흥위원회), 『한국영화상영관의 변천과 발전 방향』(2001, 문화관광부). 『한국영화정책사』(2005, 나남출판사) 등 세 권의 책을 출판했다.

특히 스크립 라이팅, 프로듀싱, 디렉팅 등 세 분야 전공 학생이 협업을 통해 영화를 제작하는 특수과정의 단국대학교 영화콘텐츠전문대학원을 2012년에 설립, 5년간 대학원장을 지내면서 22편의 장편영화와 33편의 단편영화를 졸업작품으로 만드는 과정을 지도하게 되었다.

더욱이 2012년에는 제10회 아시아나국제단편영화제 개막 영화 〈주리(Jury)〉(24분)를 연출하면서 영화감독으로도 데뷔했다.

이처럼 부산국제영화제는 나로 하여금 배우, 감독, 프로듀서로서의 경험을 체득하게 함으로써 명실상부한 '영화인'으로 만들어 준 것이다.

나는 전 세계를 무대로 뛰고 있는 '국제인' 또는 '세계인'이 되었다.

지금까지 100여 개 이상의 국제 영화제를 찾았고 수많은 영화인을 만났다.

많은 감독과 배우, 평론가, 언론인, 영화제 책임자들을 친구로 사귀었고, 지금도 교류하고 있다. 일본의 고레에다 히로카츠 감독, 대만의 허우 사우시엔과 차이밍량 감독, 배우 양구이메이, 중국 왕가위 감독, 인도네시아의 배우 크리스틴 하킴, 칸영화제 티에리 프리모, 영국의 토니 레인즈와 사이먼 필드 등은 '절친 중의 절친'이다. 부산국제영화제가 나에게 물려준 귀중한 '자산'이다.

> 이처럼 부산국제영화제는 나로 하여금 배우, 감독, 프로듀서로서의 경험을 체득하게 함으로써 명실상부한 '영화인'으로 만들어 준 것이다.
> 나는 전 세계를 무대로 뛰고 있는 '국제인' 또는 '세계인'이 되었다.

또한 부산국제영화제의 성공은 나에게 국제사회에 '영화제 전문가'로 각인시켰다. 이에 따라 나는 지금도 여기저기 불려 다니고 있다.

2017년 나는 처음 열리는 말레이시아영화제에 심사위원장으로 초청받은 후 그다음 해부터 '명예회장'으로 위촉받고 매년 참가하면서 필요한 조언을 해주고 있다. 2023년 9월에는 새로 창설되는 베트남 호찌민시 영화제의 '명예회장'을 맡아 11월에 개최된 준비 회의에 참석하여 많은 자문을 해주었고, 2024년 4월 6일부터 13일까지 개최된 첫 영화제에 전 기간을 체류했었다.

나는 국내든, 해외든 누구든지 '나를 필요로 한다면' 그들의 '바램'이 성취될 수 있도록(비록 성취되지 못한다고 하더라도) '최선을 다한다'라는 신념으로 살고 있다. 그것이 내 생활 철학이기도 하다.

2.
동기를 부여한
페사로영화제

┃영화제 창설의 꿈을 심어준 '한국영화 특별전'

부산국제영화제 창설에는 이탈리아 페사로영화제가 크게 기여했다.

올해(2024)로 60주년을 맞는 페사로영화제는 작지만 오랜 역사와 권위를 자랑하는 영화제다.

1991년 11월 8일 페사로영화제의 아드리아노 아프라 집행위원장이 영화진흥공사를 찾아왔다. 스위스 바젤에 거주하고 있는 임안자 여사가 통역 겸 안내로 함께 왔다. 조용하고 엄격한 성격의 아드리아노 아프라는 로베르토 로셀리니 감독을 집중적으로 연구했던 이탈리아의 대표적인 영화학자였다.

그는 5주간을 서울에 머물면서 매일 3~4편씩, 약 100편의 한국영화를 체계적으로 보았고, 많은 감독과 평론가들을 만났다. 그리고 다음 해인 1992년 6월 10일부터 18일까지 열린 제28회 페사로영화제

▶ 왼쪽 아드리아노 아프라 페사로영화제 집행위원장.

에서 '한국영화 특별전'을 개최했다.

　임권택 감독의 〈족보〉(1978), 〈만다라〉(1981) 등 9편의 영화가 '특집' 형식으로 상영되었고, 김기영 감독의 〈하녀〉(1960), 유현목 감독의 〈오발탄〉(1961) 등 고전영화부터 1990년에 제작된 이두용 〈청송으로 가는 길〉, 박광수 〈그들도 우리처럼〉, 정지영 〈남부군〉, 장선우〈우묵배미의 사랑〉, 황규덕 〈꼴찌부터 일등까지 우리 반을 찾습니다〉 감독의 최신작까지 모두 30편이 상영되었다.

　한국영화 30편이 해외에 소개된 것은 처음이며 1993년 10월 20일부터 1994년 2월 21일까지 파리 퐁피두센터의 장 루 파섹(Jean-Loup-Passek)의 초청으로 84편의 한국영화가 상영된 것과 함께 유럽에 우리 영화가 본격적으로 유럽에 소개되었던 '역사적인 사건'이었다.

　그러나 무엇보다도 페사로영화제는, 그로부터 5년 후 부산국제영화제를 탄생시키는 중요한 역할을 하게 되었다.

페사로는 로마 동북쪽, 승용차로 4시간 거리, 아드리아 해변에 있는 아름답고 작은 중세마을이다. 세계적인 오페라 작곡가 로시니(1792~1868)의 탄생을 기념하여 1980년에 이곳에서 창설된 '로시니 오페라 페스티벌'에는 오페라가수를 지망하는 젊은 음악인들은 물론, 수준 높은 오페라공연을 관람하기 위해 찾아오는 관객들로 초만원을 이루고 있다.

1637년에 조성된 600석의 '로시니극장'은 몇 차례, 보수와 명칭 변경은 있었지만 현존하는, 가장 오래된 오페라극장으로 알려져 있다. 또 이곳 페사로에서 불과 45킬로미터 떨어진 우루비노(Urbino)에는 이곳에서 출생한 르네상스 시대의 대표적인 건축가이자 화가인 라파엘로(1483~1520)를 기념하는 많은 문화시설과 작품으로 관광객들을 불러들이고 있다.

▶ 올해(2024년) 6월 60주년을 맞은 페사로영화제의 포스터.

페사로영화제는 1965년 이탈리아 평론가협회장을 맡았던 리노 마치카가에 의해 창설되었고, 역대 집행위원장은 평론가들이 맡아왔다. 그해 특별전을 갖는 영화들을 중심으로 평론가들이 모여 심층 있게 토론하는 '원탁토론'(Travola Rotonda)은 유럽평단에서 널리 알려진 이 영화제의 대표적인 브랜드이기도 하다.

▶ 퐁피두센터 영화책임자 장 루 파셰(중앙)은 1993년 10월~1994년 2월 기간 동안 한국영화 84편을 초청, 상영했다. 왼쪽은 프랑스 영화평론가 막스 테시에, 반대쪽은 영화평론가 임안자.

1992년 여름 페사로에서 개최된 한국영화 회고전에는 이장호 배창호 박광수 감독, 배우 안성기, 그리고 평론가 이효인 이용관 전양준 김지석 등 8명이 참가했다. 나는 그해 4월, 영화진흥공사 사장에서 초대 예술의전당 사장을 거쳐 문화부 차관으로 자리를 옮긴 때였기 때문에 후임인 윤탁 사장이 참석했었다. 한국대표단 일행은 '원탁토론'에 참가한 후 귀국했다.

특히 영화제에서 제작하는 메인 카탈로그 이외에 별도로 발행한 한국영화에 관한 책(『Il Cinema Sudcoreano』)의 집필을 맡았던 인연으로 영화제에 초청받아 참가했던 '부산의 영화인들', 이용관 김지석 전양준은 영화제의 내용과 운영에 큰 충격과 깊은 감명을 받고 귀국하면서 부산에서 페사로처럼 '작지만, 권위 있는' 국제영화제를 창설하자고 의견을 모았다.

페사로에서 돌아온 김지석은 이들과 함께 수시로 모여 영화제 창설을 주제로 논의했다.

때마침 부산광역시에서는 '2002년 아시아경기대회'를 유치해놓고 이를 국내외에 홍보하기 위해 아시아경기대회를 개최했던 8개 도시와 부산과 자매결연한 아시아 10개 도시 등 10개국 14개 도시의 민속공연과 특산물전시를 중심으로 한 '아시아 위크'행사를 구상하고 있었다.

이에 부산평론가협회는 1994년 11월 21일, '2002년 아시안게임을 대비한 부산영상문화진흥방안'에 관한 세미나를 부산일보 소강당에서 개최하였다. 세미나에서 김지석(작고) 교수는 '부산국제영화제 개최 가능성과 의의'에 대해, 부산영화평론가협회 허창(작고) 회장은 '부산의 영상문화와 영화제작의 가능성'에 대해 각각 주제발표를 했고, 안수근 오석근 이용관 이정하 교수가 토론에 참여했다. 부산국제영화제의 개최 문제가 표면에 떠오르기 시작한 셈이다.

1995년에 접어들면서 김지석 교수는 공연기획사 '열린판'의 김유경 대표로부터 부산 파라다이스호텔에서 국제영화제에 5억원의 지원이 가능하다는 말을 듣게 되자 부산국제영화제의 개최논의를 본격화시켰고, 여러 차례 회의 끝에 함께 창설하고 이끌 집행위원장으로 나를 지목했다.

이처럼 1992년에 개최되었던 페사로영화제가 부산국제영화제를 창설하게 만드는 중요한 역할을 하게 되었다.

3.
프라자 회동과 집행위원장

인생의 항로를 바꾼 1995년 8월 회동

　1995년 8월 18일 오전 10시, 나는 이용관 중앙대 영화학과 교수의 전화를 받고 약속 장소인 서울시청 앞 프라자호텔 커피숍으로 갔다. 그곳에는 부산에서 올라온 부산예전의 김지석 교수, 영화평론가 전양준, 공연기획사 '열린판'의 김유경 사장, 그리고 이용관 교수가 기다리고 있었다.

　그들은 부산에서 국제영화제를 준비하고 있다면서 그 '선장' 격인 집행위원장을 맡아달라고 요청했다. 부산 파라다이스호텔로부터 5억원의 협찬을 약속받았다는 말도 곁들였다.

　1년 전 환경영화제를 하겠다는 젊은 사람들의 말을 믿고 관여했다가 낭패를 본 경험이 있어 이것저것 짚어봤다.

　그들의 표정에서는 굳은 의지가, 그들의 말에서는 뜨거운 열정이 넘쳐났다. 결국 나는 그들의 요청을 받아들이기로 했다.

그 당시 나는 33년 6개월의 공직 또는 준 공직생활을 마감하고 6개월째 '백수' 생활을 하고 있었기에 우선 새로운 일에 뛰어들 시간적 여유가 있었다.

그러나 무엇보다도 나는 국제영화제의 필요성에 대한 확신을 갖고 있었기 때문에 그들과 함께라면 한 번쯤 모험을 해도 좋을 것 같다는 생각이 들었다.

그때까지 나 자신은 국제영화제에 관한 체험은 많지 않았다. 영화진흥공사(지금의 영화진흥위원회) 사장 시절에 참가했던 두 번의 몬트리올영화제(1988년과 1990년)와 모스크바영화제(1989년)가 전부였다.

그러나 두 영화제에서 임권택 감독이 연출한 〈아다다〉와 〈아제 아제 바라아제〉의 여우주연상(신혜수와 강수연) 수상을 계기로 국제영화제의 역할과 그 파급효과들을 생생하게 체험하면서 국제영화제에 대해 새로운 인식을 하게 되었다.

> **여우주연상(신혜수와 강수연) 수상을 계기로 국제영화제의 역할과 그 파급효과들을 생생하게 체험하면서 국제영화제에 대해 새로운 인식을 하게 되었다.**

이런 체득을 통해 나는 온 힘을 쏟아 조성하기 시작했던 남양주 종합촬영소가 완공되는 시점에 국제영화제를 개최하고자 1991년 12월 23일 그 분야의 전문가인 김수용 임권택 이두용 하명중 배창호 박광수 장선우 박기용 감독들과 영화평단과 언론계의 이영일 정용탁 유지나 윤호미 정성일 정중헌 김량삼 박건섭 등을 영화진흥공사에 초청, 국제영화제에 대한 토론회를 갖고 의견을 들었다.

▶ 비가 내리는 가운데 남양주종합촬영소 기공식이 열렸다. 앞줄 왼쪽부터 이응선 국회의원, 저자, 이어령 문화부
　장관, 노재봉 총리, 이민섭 국회문공위원장.(1991년 4월 17일)

　한편 1994년 1월 25일, 문화체육부 이민섭 장관은 대통령 업무보
고를 통해 광복 50주년을 계기로 서울국제영화제를 개최하겠다고 발
표했고, 이를 뒷받침하기 위해 그해 5월 13일 세종문화회관에서 한
국영화평론가협회 주최, 문체부 후원으로 '서울국제영화제 창설을
위한 공개 토론회'가 열렸다.

　공론화 과정에서 '필요성은 공감하되 시기는 빠르다'는 데에 의견
이 모아졌다.
　내가 이들의 제의를 쉽게 받아들일 수 있었던 또 하나의 배경에는
'부산'에 대한 남다른 '향수'가 작용했기 때문이었다.

▶ 부산국제영화제 스태프들– 왼쪽부터 다섯 번째 이용관 부위원장, 일곱 번째 저자(위원장), 여덟 번째 오석근 사무국장, 그 밖은 프로그래머들(1998년)

　　나는 강원도 홍천에서 태어나 세 살 때 서울로 이사했기 때문에 강원도 '감자바우'인 동시에 '서울내기'다. 그런데 중학교에 입학하자마자 6·25가 터졌고, 1·4후퇴 때에는 부산으로 피난을 갔었다.

　　누구나 겪었던 피난생활이었지만 우리 집은 부산 영도 봉래동의 피난민수용소를 시작으로 보수동, 수정동, 범일동, 용호동을 전전했고, 행상과 노점상을 하면서 학창 시절을 보냈다. 범일동과 용호동에서 서대신동 구덕산 중턱에 마련된 천막교사까지 매일 달리는 트럭과 기차에 뛰어오르고, 내리는 곡예를 하면서 무임승차로 학교에 다녔다.

　　온갖 역경과 고난을 이겨낸 피난생활이었기에 지금은 아름다운 추억으로 되새겨진다.

　　특히 청소년기를 보냈던 부산의 4년은 나에게 '비록 어떤 난관에

부닥칠지라도 혼자 뚫고 나갈 수 있다'라는 의지와 자신감을 갖게 해
주었다.

이런 추억이 담긴 부산에서 부산을 위해 일한다는 것 자체가 나에
게는 매력적인 일로 다가왔다.

이렇게 해서 나는 부산국제영화제 창설의 주역을 맡게 되었고,
1995년 8월 18일의 '프라자 회동'을 기점으로 나의 인생 항로는 서
서히, 그리고 급격하게 선회하기 시작했다.

4.
서울-부산-광주로

1995년 8월 18일 '프라자 회동'으로 부산국제영화제 창설 작업에
동참하기로 약속한 직후, 9월부터 뜻밖에 대학 강의와 케이블방송
사장을 맡게 되면서 갑자기 바빠지게 되었다. '백수'에서 졸지에 1인
3역을 맡게 된 것이다.

9월 1일부터 전남 나주에 있는 동신대학교에 객원교수로 임용되
었다. 공직에 있을 때도 틈틈이 강의는 맡았기에 새삼스러운 일은 아
니었지만, 대학에서 법학과 행정학을 전공했는데 '영화 개론'과 '세
계영화사'의 강의를 맡게 되면서 당황할 수밖에 없었다.
동신대학교의 강의를 맡게 된 것은 고려대학교 '언론대학원과 임
권택 감독'의 인연 때문이다. 1994년에 개설된 고려대학교 언론대학
원 고위정책과정에 태흥영화사의 '드림팀'인 이태원(작고) 임권택 정
일성 강수연(작고)이 제1기로 입학했었다. 공연윤리위원장이었던 나
는 '첨단영상매체와 한국의 영상산업'이란 주제로 제1기부터 제4기

까지 특강을 했다.

때마침 임권택 감독의 고향인 장성군에서 영화 〈서편제〉를 촬영했던 금곡마을을 '영화촌'으로 조성하기 위한 프로젝트를 추진하고 있었다. 내 강의를 들은 임 감독이 장성군의 공무원과 주민들 대상으로 '영화촌' 조성의 필요성을 주제로 강의해 달라는 요청에 따라 1994년 11월 10일 임 감독과 함께 장성군청에 갔었다.

이 강연이 인연이 되어 그 프로젝트의 연구용역을 맡았던 동신대학교 교수진에 의해 객원교수로 위촉받으면서 강의를 맡게 되었다.

'한국영화정책과 법제'로 석사학위는 획득했었지만, 영화에 대한 학문적인 기초나 외국영화사에 대한 지식은 '백지'였던 때여서 나는 '영화와 영화사'에 관한 책은 닥치는 대로 사서 탐독했다. 미국 '버라이어티'(Variety) 잡지와 영국 '사이트 앤 사운드'(Sight and Sound) 등 외국잡지를 정기구독하기 시작했다.

때맞춰 영국 국립영화원(BFI)에서 만든 '세계영화사'에 관한 비디오를 긴급 입수해서 강의에 활용했다. KBS와 EBS에서 방영되었던 '시네마기행' 등의 비디오도 전량 구입했음은 물론이고 옛날 영화의 비디오도 보이는 대로 사는 등 열심히 공부를 하면서 학생들을 가르쳤다.

이와 함께 1995년 9월 18일 시사영어사 민영빈 회장이 창업한 영어전문 케이블방송 '마이티브이'(채널44) 방송국을 사주인 민선식 사장과 함께 공동대표를 맡게 되었다.

당시 매년 최저 50~300억원의 적자운영을 면치 못했던 케이블방송, 특히 프로그램 공급회사(PP)를 운영하는 데 따른 심리적인 부담

▶ 문정수 부산시장, 전양준 프로그래머, 임권택 감독 그리고 저자-윗쪽 / 영화제를 마치고 길거리에서의 파티 (1996년)-아랫쪽 (© 부산국제영화제)

은 이루 말할 수 없었다. 2년 후 '마이티브이'는 그 운영권이 선경그룹의 '골프채널'로, 다시 SBS의 '골프채널'로 바뀌게 되었다.

이처럼 백수였다가 대학 강의와 케이블방송사 사장과 부산국제영화제 창설이라는 세 가지의 직책을 동시에 맡게 되면서 나는 1995년 가을부터 정신없이 뛰어다니기 시작했다.

10월에 접어들면서, 영화제 창설을 위한 준비모임도 많아지기 시작했다.

이처럼 백수였다가 대학 강의와 케이블방송사 사장과 부산국제영화제 창설이라는 세 가지의 직책을 동시에 맡게 되면서 나는 1995년 가을부터 정신없이 뛰어다니기 시작했다.

영화제 모임은 주로 서울에서 저녁 시간을 이용했지만, 부산을 찾는 일도 잦아지면서 행동반경은 서울-부산, 서울-광주, 광주-부산을 잇는 '트라이앵글'로 변했고, 서울에서 부산은 항공편을, 부산에서 서울은 주로 심야 고속버스를 이용하게 되었다.

부산에서는 영화제 창설에 회의적이었던 경성대학교 주윤탁 교수(작고)와 김사겸 감독, 부산일보 김은영 기자를 비롯한 많은 영화인과 언론인들을 만났다. 서울에서는 주로 논현동의 '맛나' 칼국수 집과 교대전철역 근처의 허름한 한정식 '유정'에서 이용관 김지석 전양준 김유경과 박기용 감독이 모여 밤을 지새우며 논의를 거듭했지만, 진전은 별로 없었다.

계획을 다듬는 과정에서 영화제의 추정예산은 10억원에서 14억원으로, 다시 17억원으로 증가되고 있었다.

10월 4일 부산 파라다이스호텔 김인학 상무와 서울 르네상스호텔 일식당에서 만나 5억원의 지원을 다짐받기도 했지만, 12월 초에 파라다이스호텔의 최종결정 과정에서 영화제 지원계획은 백지화되었다. 부산광역시의 지원을 받기 위해 실무접촉을 했지만, 그 반응은 부정적이었다. 부산일보의 부일영화상 부활 문제, 부산예총의 연극행사지원 문제, 2002년 '아시안게임'을 앞두고 부산시가 1996년에 추진하고자 하는 '아시아 위크' 행사 때문에 국제영화제 지원은 불가능하다는 것이 실무자들의 답변이었다.

　이에 나는 문화공보부 기획관리실장으로 재직하고 있을 때 경제기획원의 예산 담당국장과 국회 예산결산특별위원회 수석전문위원으로 근무했던 오세민 정무부시장을 만나 부탁하고자 12월 4일 부산으로 갔다.

　김해공항에 내렸을 때, 부산에서 이명세 감독의 〈지독한 사랑〉을 연출하고 있던 오석근 감독이 차를 갖고 마중을 나왔고 부산시청에서 기다리고 있었던 김지석 김유경과 합류, 오세민 부시장을 만났다. 취지 설명을 들은 오 부시장은 사전에 문정수 시장과 상의했다면서 소요예산 17억원은 어떤 방법으로든 해결할 수 있지 않겠느냐면서 긍정적인 답변을 해주었다. 이어진 저녁장소에서 모처럼 기분이 좋아진 나는 오세민 부시장과 양주 한 병을 반주로 들었고, 고속버스터미널에서 소주 두 병을 더 마신 후 오석근 감독과 헤어져 서울로 향하는 심야 고속버스에 올랐다.

　12월 국정남 국회의원을 조직위원장으로 하는 광주국제영화제 조직위원회가 구성되었다는 기사가 날아들었다. 광주국제비엔날레의

▶ 부산국제영화제를 준비하던 초창기 사무실-왼쪽 / 영화제 준비작업 때 회의후 회식 모습: 왼쪽부터 박광수 감독(부위원장), 저자, 김기덕 감독(작고), 이용관 프로그래머-오른쪽

창설과 동시에 국제영화제를 개최한다는 것이었다.

또 부산국제영화제 창설을 맡았다는 사실도 알려지기 시작하자 영화계 실상을 잘 알고 있는 주위의 동료들은 극구 만류했다. "젊은 친구들과 어울려 일하다가 패가망신할 것이다.", "서울에서도 못하는 일을 문화의 불모지인 부산에서 과연 성공할 수 있겠느냐?"는 힐책이었다.

부산에서의 반응은 더 부정적이었다. 그럴수록 특유의 오기가 발동했다. '거의 불가능했던 남양주 종합촬영소 건설도 밀어붙여 성공시켰는데, 이까짓 영화제쯤이야 못하겠느냐'는 집념이 속에서 불타고 있었다.

재원확보의 전망이 보이면서 영화제 준비도 불붙기 시작했다.

12월 13일 주윤탁 김사겸 김지석은 문정수 시장을 방문, 영화제의 기본구상을 설명했고, 12월 16일의 서울모임(장충동 '풀의 향기')에서는 박광수 감독을 부집행위원장으로 영입했다.

해가 바뀌어 1월 9일 방한 중인 영국의 영화평론가 토니 레인즈와 회동, 부산국제영화제 창설 작업에 동참해 달라고 요청했다.

1월 17일 오전에는 이용관 김지석 오석근 김사겸 토니 레인즈는 부산에서 오세민 정무부시장과 김부환 내무국장 등 관계관이 배석한 가운데 설명회를 가졌고, 저녁에는 서울의 내 집에서, 토니 레인즈를 비롯한 박광수 이용관 전양준 김지석 오석근 박기용 김유경 등 준비팀 전원이 참석하는 확대 회의를 하고 영화제의 성격, 개최시기, 추진 기구의 구성 및 사단법인 설립 문제, 추진계획과 일정, 소요예산 등 구체적인 사항들을 협의 결정했다.

▶ 동신대학교 객원교수를 맡게 된 전남 정성군의 '산림도시개발계획'(1995년 5월).

첫째, 영화제의 성격은 '비경쟁영화제'로 했다. 당시 아시아권에서 정상을 달리고 있던 홍콩영화제는 1976년에 창설된 비경쟁영화였고, 1995년에 창설된 도쿄영화제는 경쟁영화제였다. 도쿄영화제는 화려하다는 장점은 있지만 경쟁에 올린 작품선정이 어렵다는 단점이 있기 때문에 신생영화제로 성공하기 위해서는 좋은 작품을 초대할 수 있는 비 경쟁영화제를 채택하기로 했다.

둘째, 아시아에 초점을 두되 신인 감독과 새로운 영화를 발굴하

▶ 동신대학교 전경. (© 동신대학교)

고 영화제작을 지원하는데 목표를 둠으로써 홍콩영화제와도 차별화하기로 정했다. 이러한 맥락에서 아시아의 신인 감독을 대상으로 '뉴커런츠 상'을 제정 운영하기로 했다.

셋째, 한국영화, 특히 독립영화를 지원하고 해외에 알리는 것을 목표로 삼았다.

넷째, 영화제의 독립성을 유지하기 위해 운영 주체를 사단법인으로 하기로 했다.

마지막으로 영화제 개최 기간은 9월 13일에서 9월 21일까지 9일간으로 정했다.

이처럼 영화제의 기본방향을 정한 준비팀은 부산시와의 협의를 거쳐, 2월 13일 부산시청 회의실에서 문정수 시장 주재로 사단법인 부산국제영화제 창립총회를 개최함으로써 부산국제영화제가 정식 출범하게 되었다.

5.
조직위원회 출범

| 조직위 출범과 성공확신을 준 칸영화제 오찬

1996년 2월 13일 문정수 부산시장의 주재로 창립총회를 열었다. 사단법인 부산국제영화제조직위원회의 정관을 심의 통과시키기 위한 총회였다. 조직위원회를 출범시키는 것도 순탄하지는 않았다.

회의 직전 "영화제를 하는데 부산시에서 직접 하면 되지 사단법인은 왜 필요한가?"라는 문정수 시장의 반대가 있었다고 오세민 부시장이 전했다.

부산시의 부시장을 집행위원회 부위원장으로 정관에 명시해야지만, 앞으로 영화제를 운영하는 데에 시의 행정지원을 받기에 유리할 것 같았다. 그러나 부산시의 반대가 예상되어 나는 일단 정관을 통과시켜놓은 다음, 회의 뒤에 부집행위원장 2인을 3인으로 수정할 것을 긴급 제의했다.

부산시의 부시장을 집행위원장 아래에, 그것도 다른 부위원장들과 동격으로 임명하는 것은 '격'이 맞지 않는다는 오거돈 내무국장의 강력한 반대가 있었지만 "시가 직접 추진하면 되지…."라고 반대했다는 시장의 의견을 전해 들은 직후였기에 "부산시가 직접 행정적, 재정적으로 관여하기 위해서는 정무부시장이 부집행위원장을 맡아야 한다"라는 논리를 내세워, 시장의 동의를 구해 통과시킬 수 있었다.

결국 문정수 부산광역시장을 조직위원장, 강병중 상공회의소 회장을 부 조직위원장, 시 교육감과 시의회 문화환경위원회 위원장, 언론사 사장, 예총 회장, 부산영화인협회 회장 등을 조직위원으로 하는 사단법인 부산국제영화제조직위원회를 구성했다. 조직위원회 밑에 집행위원회를 두어, 내가 집행위원장, 주윤탁 경성대 교수와 박광수 감독 그리고 오세민 정무부시장이 부집행위원장을 맡았다. 집행위원장과 부집행위원장, 내무국장은 당연직 조직위원을 겸하도록 했다.

영화제를 실질적으로 이끌 집행위원회와 사무국의 인선에는 시간이 필요했다. 우선 영화제 업무 전반을 이끌 프로그래머로 한국영화는 이용관 교수, 아시아영화는 김지석 교수, 비아시아권 영화는 전양준 평론가, 사무국장은 오석근 감독이 맡았다. 사무국장을 도와 행정, 회계 전반을 담당할 사무국 차장에는 문화공보부 출신의 신현석을 특채했고 공개 채용한 김정화 이미영 김정미 최윤나 등 4명을 사무국 요원으로 임용했다. 준비 단계부터 자문을 해준 영국의 영화평론가 토니 레인즈(Tony Rayns)와 6년 동안 홍콩영화제 프로그래머로 활약하다가 중국 정부의 압력으로 그해 3월 홍콩영화제가 끝난 직후

▶ 부산국제영화제조직위원회 현판식.(1996년 6월 5일) (ⓒ 부산국제영화제)

해임된 웡 아인 링(Wong Ain-Ling)을 프로그램 어드바이저로 영입
했다.

　이와 함께 스위스 바젤에 거주하는 임안자 여사와 미국 LA에 있는
재미교포 임현옥, 그리고 뉴욕에서 활동하는 한동신을 프로그램 컨
설턴트로 위촉하여 미국과 유럽에서 영화 선정 작업을 돕도록 했다.

　특히 6월 5일 개최한 '국제세미나'에 주제발표차 참가했던 샌프란
시스코 아시아 아메리카영화제 집행위원장인 젊은 재미교포 폴 이
(Paul Yi)를 몇 차례 술을 사면서 집요하게 설득해서 페스티벌 어드

▶ 칸영화제에서 부산국제영화제 창설을 앞두고, 15명의 집행위원장이 오찬 회동하였던 전통식당 '가브로슈'(1996년 5월)

바이저로 임명했는데, 미국에서 부산까지 와서 회의에 참석했던 그는 영화제가 끝난 9월 21일 귀국했다. 영화제 운영에 경험이 많았던 그의 역할은 매우 컸는데 특히 '티켓 전산화'와 '티켓 카탈로그'는 그의 권고에 따라 때마침 전산화업무를 추진 중이었던 부산은행의 도움으로 해결할 수 있었다.

4월 16일 조직위원회는 문화체육부로부터 사단법인 설립인가를 받았고, 6월 5일에는 부산 해운대 수영만 요트경기장 사옥에 문정수 시장과 김수용 이두용 감독, 이우석 동아수출공사 사장, 배우 강수연 문성근 진희경 등이 참석한 가운데 현판식을 가졌다.

이렇게 해서 영화제의 조직체계는 6월 이전에 정비했고, 모든 의

사결정을 집행위원회 위원장, 부위원장과 프로그래머가 참여하는 회의에서 결정했기 때문에 신속했고, 단순했다. 그러나 부산시와 협의하거나, 보고하는 과정은 쉽지 않았다. 주무·계장·과장·국장을 거쳐야 했고, 3월 28일과 4월 16일 두 차례 오찬과 만찬을 겸한 부산시장 보고 회의가 있었지만, 그때, 그때 시장의 결심을 받는 일은 쉽지 않았다.

고심 끝에 나는 매주 시장관사에서 조찬을 함께하기로 건의했고, 6월 21일부터 시작된 문정수 시장과의 조찬에는 영화제에서 오석근 사무국장과 시의 주무과장이 배석함으로써 모든 중요한 사항은 이 자리에서 결정했다. 이렇게 되자 준비작업은 '일사천리'로 진행할 수 있었다.

8월 23일까지 계속된 조찬모임을 통해 문정수 시장은 "영화제에 관한 한 모든 일은 영화제 집행위원회에 맡기라"는 지시를 내리게 되었고, 영화제가 '부산시로부터 독립 운영'하는, 그래서 '지원은 하되 간섭하지 않는다'라는 중대한 정책 결정이 이루어졌다.

한편 조직위원회의 출범과 함께 프로그래머들은 즉시 영화 선정 작업에 착수했다. 이와 함께 부산국제영화제의 창설을 해외에 알리는 일도 시급했다. 2월 8일 박광수 부위원장과 전양준 김지석 프로그래머는 베를린영화제로 달려갔고, 3월 25일에는 나를 포함해서 박광수 부위원장, 김지석 전양준 프로그래머가 홍콩영화제에 참석했다.

나는 싱가포르영화제 필립쉬어(Philip Cheah) 집행위원장에게 부탁, 오석근 사무국장과 김정화를 싱가포르영화제에 파견근무 하도록 함으로써 영화제 운영에 관한 실무경험을 쌓도록 했다.

5월 8일에는 전양준 프로그래머와 함께 제49회 칸영화제에 참석했다. 1988년 몬트리올에서 만났던 피엘 리시앙의 소개로 많은 영화인을 만났고, 평소 알고 지냈던 인사들에게 부산영화제 참석을 권유했다.

5월 11일 칸영화제의 선정위원인 막스 테시에와 피엘 리시앙, 낭트영화제의 알랭 잘라도 집행위원장, 베를린영화제 포럼 책임자 울리히 그레고르, 뮌헨영화제 클라우스 에더, 몬트리올영화제 세르즈 로지크 집행위원장, 로테르담영화제 사이먼 필드 집행위원장과 마켓 책임자인 바우터 바렌드레히트, 그리고 영화잡지 '버라이어티'와 일간지 '르 몽드' 기자를 포함 15명을 오찬에 초대했다. 이들은 모두 '부산'에 꼭 참석하겠다고 약속했고, 부산국제영화제의 창설을 축하하는 축배를 들었다. 프랑스의 전통 음식점 '가브로슈'에서 가졌던 이날의 오찬 모임은 부산국제영화제의 성공을 예감케 한 중요한 회동이었다.

다음날 뮌헨영화제의 클라우스 에더와 따로 만났다. 그는 국제영화비평가연맹의 사무총장을 겸하고 있는 인물이었다. 만나자마자 그는 부산국제영화제의 개최 기간을 바꿀 것을 권유했다. 부산영화제의 개·폐막일과 그 시간까지도 후쿠오카영화제와 일치한다는 점을 강조하면서 이를 바꾸지 않을 경우 "모두 후쿠오카영화제로 가지, 누가 신생 영화제인 부산으로 가겠느냐"고 했다.

물론 맞는 지적이었다. 매년 9월 후쿠오카시가 주최하는 '아시아

포커스 후쿠오카영화제'는 공교롭게도 친하게 지내는 일본의 원로평론가 사토 타다오 부부가 집행위원장을 맡고 있었다. 그런데 극장을 빌려서 영화제를 개최해야 하는 부산국제영화제는 추석 대목을 피해야 했다. 그러기 위해서는 추석 직전에 영화 상영을 끝내거나 추석에 개봉하는 영화가 종영되는 '추석 3주 후'에야 극장을 빌릴 수 있었는데, 첫해인 1996년에는 9월 26일이 추석이었기 때문에 9월 13일에서 9월 21일로 영화제 기간을 정할 수밖에 없었다.

사토 타다오 선생에게는 송구스럽기 짝이 없었다.

"영화제에 관한 한 모든 일은 영화제 집행위원장에게 맡기라"는 지시를 내리게 되었고, 영화제가 '부산시로부터 독립 운영'하는, 그래서 '지원은 하되 간섭하지 않는다'라는 중대한 정책 결정이 이루어졌다.

그런데 영화제에 참석했다가 이 사정을 전해 듣고 귀국한 '절친' 지넷 펄슨 하와이영화제 집행위원장이 귀국한 후 나에게 전화해 사토 타다오 부부가 하와이영화제에 참석하니까 와서 화해하라고 권했다. 그러면서 영화제 전 기간을 체재할 수 있게 나를 초청했다.

그해 11월, 나는 하와이영화제에 참석, 사토 타다오 부부를 만나 오해를 풀 수 있었다.

6.
'돈' 구하기 위해 동분서주

| 돈 구하기 위해 인맥 총동원, 개막이 코앞인데 공심의도 맡아야

조직위원회가 정식 출범한 후 당면한 최대의 과제는 돈을 마련하는 일이었다. 소요 예산은 10억, 14억, 17억…으로 계속 늘어나는데 가용예산은 전무했다. 이용관 김지석은 교수 봉급을, 나는 케이블방송 '마이 티브이'에서 나오는 급여를 다 털어 넣어도 모자랐다.

파라다이스호텔에서 약속했던 5억원이 물거품 된 후 부산광역시를 끌어들였지만, 부산시의 지원은 최종단계에서 3억원으로 확정되었다. 그나마도 2억원은 6월 15일에, 나머지 1억원은 7월 9일에야 배정되었다. 보다 못한 오세민 정무부시장은 자신의 신용담보로 은행에서 5천만원을 대출받아 빌려주었다. 그 당시 5천만원은 우리에게 엄청난 자금이었다.

돈 구하는 일을 결국 내 역할일 수밖에 없었다. 고교 후배인 대우

영상사업단의 정주호 부사장을 몇 차례 만나 가능성을 타진한 후, 5월 22일 오전 11시 박광수 부위원장과 함께 대우개발의 정희자 회장을 만났다. 김우중 회장은 고등학교 동기였고, 부인인 정희자 회장은 내가 공연윤리위원회위원장으로 재직할 때 '윤리위원'으로 위촉, 영화심의를 맡게 한 적이 있어 서로 잘 아는 사이였다. 정 회장은 "얼마가 필요 하느냐?"고 물었고, "8억원만 후원해 달라"고 부탁하자 흔쾌히 지원을 약속했다. "더 요구할걸"하는 후회도 들었지만, 구세주를 만난 기분이었다.

그러나 정희자 회장의 약속은 즉시 '대우회장단'의 강력한 반대에 봉착, '백지화'될 뻔했다. 우여곡절 끝에 3억원으로 확정되었고 정 회장은 2년간 각각 3억원과 다음 해인 제3회 영화제 때 2억원 모두 8억원을 협찬했다.

그야말로 정희자 회장은 부산국제영화제의 오늘이 있게 한 창업 공신이었다.

나는 그 공로를 기려 불의의 교통사고로 숨진 정 회장의 장남 '선재' 이름을 따서 최우수 단편영화에 '선재상'을 수여하기로 했고, 첫 해에 마련한 이 상은 지금까지 시상되고 있다.

한편 3월 11일 서울 필동에 있는 '한국의 집'에 영화단체장들을 오찬에 초청해서 협조를 부탁했다. 처음에 강대진 전국극장협회 회장과 곽정환 서울시 극장협회 회장은 바로 며칠 전, "1997년에 서울에서 국제영화제를 개최 하겠다"라는 조순 서울특별시장에게 '시기상조'라는 이유로 강력히 반대하여 영화제 개최계획을 포기하도록 했

▶ 부산국제영화제 후원자들 : 강수연 안성기 메인스폰서인 정희자(대우개발 회장)-위쪽
제1회 부산국제영화제를 앞두고 부족한 예산확보를 위해 부산 파라다이스호텔에서 디너파티를 가졌
다.(1996년 7월 21일)-아래쪽

는데 내년도 아닌 올해 9월에 개최하겠다고 협조를 부탁하니까 매우 난감하다가 결국 전폭 협조하기로 했다.

나는 5월 17일 문정수 부산시장이 초대하는 영화단체장 만찬을 마련했고, 이 자리에서 문정수 시장이 부산에서 영화 촬영할 경우, 부산시청까지도 개방하겠다고 약속했다. 이에 곽정환 회장과 강대진 회장은 각각 1억원을 협찬하기로 약속했지만, 곽정환 회장만 그 약속을 지켰다.

그리고 문정수 시장에게 부산의 기업인 2백명을 초청해 모금을 위한 '디너파티'를 열자고 제안했고, 7월 24일 파라다이스호텔에서 열린 모금 만찬에 김동건 아나운서에게 사회를 부탁했다. 서울에서 부산에 온 김지미 윤일봉 남궁원 강수연 임권택 등의 영화인들이 참석, 분위기를 고조시킨 이 자리에서 부산의 젊은 기업인들이 중심이 된 고려산업 동성화학 진영수산 동성여객 자유건설 우성식품 적고(유니크) 태화백화점 등 8개 기업에서 각 2천5백만원씩 2억원을 협찬했고, 1백만원에서 1천만원까지 개인 명의로 협찬한 2억원을 합쳐, 모두 4억원이 모였다.

영화단체장 회의에서 약속했던 곽정환 회장은 6월 3일 영화배우인 부인 고은아 여사와 함께 부산시장실에서 1억원을 전달했고, 고교 후배인 중앙산업의 조규영 회장이 역시 부인인 영화배우 정윤희 이름으로 1억원을, 그리고 영화제가 임박해 오면서 파라다이스호텔과 한일그룹, 제일제당에서 각각 1억원을 협찬했다.

이렇게 해서 가까스로 입장료 수입 4억원을 포함, 22억원을 확보해 적자 없이 첫 영화제를 치를 수 있었다.

자금에 숨통이 트이면서 영화제의 준비는 불붙기 시작했다.

포스터가 결정되고 카탈로그가 만들어졌다. 대부분이 고유한 '로고'가 없었던 후원기관, 협찬회사들을 위해 카탈로그에 게재할 광고 문안까지도 세심하게 챙겨야 했다. 심지어 8월 21일에는 회의를 하다 말고, 밤중에 억수로 퍼붓는 비를 뚫고 나는 동래 고속버스터미널로 달려가 심야 고속버스를 타고 새벽에 서울에 도착, 집에 있던 '버라이어티' 잡지의 '축하 광고' 문안들을 찢어, 첫 비행기로 다시 부산에 내려와 축하 광고에 인용하기도 했다.

내부 인력이 턱없이 부족했던 사무국은 부산의 '시네마테크 1과 1/2'에 자원봉사자를 모집하여 운영하는 일을 맡겼고, 부산대학교에 가서 자원봉사자를 모집하는 설명회도 가졌다. 그 결과 360명의 자원봉사단이 꾸려졌고, 이들에 대한 교육과 발대식까지도 마쳤다.

스크린에 투사할 자막 처리를 위해 최윤나 팀장이 이탈리아와 일본 등을 순방, 조사한 끝에 일본 도쿄영화제와 후쿠오카영화제에서 사용하는 일본의 자막기술팀에 용역을 주기로 하고, 7월 3일에는 최윤나 팀장과 일본 현지에 가서 확인한 후 계약했다. 영화제가 끝난 후 자막시스템은 문원립 감독이 독자적으로 개발, 제2회 영화제 때는 일본기술팀과 우리가 개발한 것을 반반씩 사용했고, 3회 때부터는 우리의 기술로 처리함으로써 외화와 예산을 절감하게 되었다.

또 하나의 중요한 결정은 대형스크린에 의한 야외상영제도를 도입

한 것이다. 스위스 로카르노영화제를 벤치마킹한 이 야외상영은 스위스의 '시네렌트'회사와 계약, 6층 높이의 대형스크린(18×25미터)과 완벽한 음향시스템을 갖춰, 바다의 정취와 맞물려 환상적인 분위기를 자아냄으로써 부산영화제의 명물이 되었다.

또한 가장 큰 문제 중의 하나는 영화제를 알리는 홍보였다.

조직위원회 출범 이후 언론의 관심을 끌기 위해 곽정환, 고은아 부부의 첫 협찬금 전달식(6월 3일), 조직위원회 현판식(6월 4일), 국제세미나(6월 5일) 등을 잇달아 개최하고 분위기를 조성하려 했지만, 언론과 일반의 관심은 저조했다. 나는 서울과 부산에서 언론사 간부와 기자들을 쉴 새 없이 만났고, 협조를 구하는 일에 주력했다. 이러한 노력은 영화제 초청작품의 선정이 완료된 후 가진 8월 6일 오후 부산의 기자간담회와 8월 7

9월 12일 최종 점검과 함께 개막식에 참석할 초청 인사들의 참석 여부를 확인하는 등 초조하고 들뜬 분위기 속에서 개막 전야의 밤은 깊어갔다.

일 오전 서울의 기자회견을 계기로, 서울과 부산의 언론들이 대서특필, 또는 집중방송을 하기 시작함으로써 분위기를 반전시켰다. 언론의 적극적인 지원은 전 세계 어떤 영화제에서도 찾아보기 힘든 사례이며, 부산국제영화제를 성공으로 이끈 원동력이 되었다.

예기치 못했던 난관이 영화제 개막을 앞두고 찾아왔다.

바로 공연윤리위원회(이하 '공륜')의 심의 문제였다. 내가 '공륜'을 맡고 있을 때 대전엑스포가 열렸었고, 이때 상연된 영화에 대해 심의를 면제해 주었기 때문에 별문제가 없을 것으로 예상했지만, '공륜'에서는 법규상 영화제에서 상영되는 모든 영화를 심의받아야 한다는 의견이었다.

영화제에서 검열은 치명적이고, 부산영화제의 경우 출범과 동시에 좌초, 파선하는 것과 같아 나는 '공륜' 심의위원들이 부산에 내려와서 심의해 달라고 요청했고, 모든 심의 결과는 공문으로 받도록 함으로써 심의 및 결정 과정과 그 결과를 통보받는 시기를 최대한 늦추면서 예봉을 피해 나갔다.

그러면서 심의위원들을 설득했고, 그러는 동안 입장권 예매는 시작되고, 심의 결과와 상관없이 필름은 돌아가기 시작했다. 문제가 생기면 내가 책임지고 법적제재를 받겠다는 각오로 심의에 유연하면서도 강경하게 대처한 셈이다.

첫 영화제가 끝난 후, 정부와 협의해서 모든 국제영화제는 3회부터 심의를 면제받도록 법령을 개정했다. 이처럼 영화제 준비는 초 스피드로, 전력투구로 전 직원이 밤새우면서 추진되었다.

9월 11일 오후 2시 문정수 시장이 조성한 남포동의 '피프(PIFF)광장'의 테이프커팅식이 열렸고, 9월 12일 최종 점검과 함께 개막식에 참석할 초청 인사들의 참석 여부를 확인하는 등 초조하고 들뜬 분위기 속에서 개막 전야의 밤은 깊어갔다.

7.
부산국제영화제 개막,
정치적 중립

❙ 화려한 개막 '지원은 하되 간섭은 배제' 전통 세워

드디어 9월 13일 아침이 밝았다.

오전 7시 50분 요트경기장에 마련한 5천 석의 야외상영장에서 생방송 인터뷰를 끝낸 뒤 9시부터 최종 점검 회의를 열었다. 8월 29일부터 예매하기 시작한 극장 관람권은 예상을 뒤엎고 이미 5만 매를 넘어서 우리를 열광케 했다.

특히 아시아 신인 감독의 영화를 보여주는 '뉴 커런츠' 부분은 물론, 단편과 다큐멘터리까지도 고루 예매되고 있었다. 오후에는 개막 영화 〈비밀과 거짓말〉로 칸영화제에서 여우주연상을 받은 블렌다 블레신의 선상 기자회견이 있었다. 요트나 유람선을 활용함으로써 항구도시 부산의 이미지를 심어주고자 백방으로 주선했지만 결국 미포에서 연안부두를 왕래하는 일반여객선을 이용할 수밖에 없었다. 깨

끗하지는 않았지만, 그런대로 추억에 남을 만했다. 흐린 날씨가 불안했다.

저녁 6시 50분 부산 뉴필하모니오케스트라의 '돌아와요 부산항'의 연주가 수영만에 울려 퍼지는 가운데, 배우 문성근과 아나운서 김연주의 사회로 역사적인 제1회 부산국제영화제의 막이 올랐다.

문정수 부산광역시장의 개막선언과 김영삼 대통령의 영상메시지가 상영되었고, 참석한 국내외 주요 영화인들의 소개가 있었다. 개막영화와 함께 주연배우 브렌다 블레신과 마리안 장 밥티스트를 무대에 올려 소개했다.

이어 불꽃이 밤하늘을 화려하게 수놓으면서 그동안 눕혀있었던 6층 높이의 대형스크린이 90도 각도로 서서히 올라가자 장내를 가득 메운 관중들의 탄성과 환호가 요트경기장을 뒤흔들었다. 정말 감동적인 순간이었다. '드디어 성공했다'는 생각이 들면서 흐르는 눈물을 감출 수 없었다. 대형화면에서는 칸에서 황금종려상을 받은 영국 마이크 리 감독의 〈비밀과 거짓말〉이 상영되고, 무대 아래에는 김지미 신성일 안성기 장미희 강수연 심은하 등 국내외 스타들로 화려함을 더했다.

개막 파티가 끝난 후 조선비치호텔에서 미포에 이르는, 포장마차를 밤새도록 순회하면서 곳곳에 모여 있는 국내외 영화인들과 술잔을 나눴다. 비치파라솔을 바닷가 모래사장으로 옮겨 주요 외국 손님들을 대접했다. 그곳에서만 80만원의 술값이 나와 카드로 계산하려 했지만 포장마차의 여주인은 "포장마차에서 카드로 결제하는 곳 보

▶ 수영요트경기장에서 개최된 제1회 부산국제영화제 개막식.(1996년 9월 13~21일) (ⓒ 부산국제영화제)

있느냐"면서 거절했다. 나는 "포장마차에 술 마시는 사람이 현금 80만원을 갖고 다니는 것 봤느냐?"고 버티자 포장마차 주인이 어디선가 카드결재기를 갖고 와서 해결했지만, 이 일화는 두고두고 해운대에서 회자되었다. 이렇게 해서 한국영화사의 한 페이지를 장식할 역사적인 제1회 부산국제영화제가 개막되었다.

13일부터 21일까지 9일간 계속된 영화제에서 31개국 169편의 영화가 상영되었다. 이용관 프로그래머가 한국영화를, 김지석 프로그래머가 아시아영화를, 전양준 프로그래머가 미주 및 유럽영화를 선정했다. 프로그래머들은 극장을 뛰어다니면서 중요한 감독들을, 나는 '뉴커런츠' 감독들을 소개했다. 거의 모든 영화제의 집행위원장들

▶ 파라다이스호텔 가든에서 열린 제1회 영화제 개막식 후 파티. (ⓒ 부산국제영화제)

은 수석프로그래머의 역할을 겸하면서 직접 영화를 선정하고 있지만, 나는 지난 15년 동안 영화 선정에는 전연 관여하지 않았다.

심지어 개·폐막 영화조차도 프로그래머들의 결정에 따랐다. 다만 그들이 선정한 영화가 배급사나 제작사 또는 심의기관이나 세관에 문제가 생겼을 때 이를 해결하는 일만 맡아왔다. 초청한 감독의 입국 비자가 나오지 않았을 때, 재외공관을 통해 해결하는 일도 내 몫이었다.

유일한 경쟁부문인 '뉴 커런츠' 부문에는 13편의 아시아 신인 감독의 첫 번째 또는 두 번째 영화가 선을 보였고, 중국 장밍 감독의 〈무산의 비구름〉이 최우수 아시아 신인감독상을 받았다.

▶ 김대중 대통령 후보가 방문하였던 제2회 영화제 개막식. (© 부산국제영화제)

　영화제 기간 중 페사로영화제 아드리아노 아프라 집행위원장, 낭트영화제 알랭 잘라두 집행위원장, 로테르담영화제 사이먼 필드 집행위원장, 베를린영화제 울리히 그레고르 영포럼집행위원장, 프랑스 퐁피두센터 영화책임자 장 루 파섹, 영국의 영화평론가 토니 레인즈, 미국 뉴욕현대미술관 영화책임자 랠리 카디쉬, 스위스 거주 영화평론가 임안자 등 8명이, 한국영화공로상을 수상했다.

　영화 〈패왕별희〉를 갖고 첸카이거 감독이 중국에서 날아왔고, 〈마지막 황제〉의 주연 여배우 조안 첸이 부산을 찾았다. 중국의 장 위안 감독은 프랑스 파리에서 막 제작을 끝낸 〈동궁서궁〉의 필름을 직접 들고 공항을 통해 입국했다. 영화제가 끝난 뒤 이 영화는 밴쿠버영화제에서 용호상을 받았지만, 장 위안 감독은 중국 정부의 미움을 사서

3개월을 해외에서 떠돌아야만 했다.

부산에서 첫선을 보인 임순례 감독의 〈세 친구〉와 홍상수 감독의 〈
돼지가 우물에 빠진 날〉은 부산영화제가 끝난 후 많은 영화제로부터
초청받았다.

사실 대형스크린에 의한 야외 상영제도를 도입하면서 나는 비상업
영화가 주류인 영화제에서 관객동원이 힘들 것으로 예상하고, 대중
성있고 재미있는 영화들을 야외에서 상영하여 관객을 끌어모은 다음,
그 열기를 남포동 극장가로 불어넣자는 의도가 있었다.

그러나 결과는 오히려 반대로 남포동 극장가는 초만원을 이루었
고, 야외상영장은 5천 석의 관객을 메우기가 쉽지 않았다. 영화제 기
간 중 전국에서 18만 4천 명의 관객이 몰리면서, 첫 회부터 '대박 행
진'을 예고했다. 특히 10대와 20대의 젊은 세대가 관객의 90%를 차
지함으로서 부산을 찾은 외국 영화인들을 놀라게 했다.

처음 개최된 영화제였기에 시행착오도 많았고, 영사사고도 적지
않았다.

단편 실험영화 〈다우징〉 상영 때는 포커스가 나가 감독이 직접 영
사실로 뛰어 올라가기도 했고, 장선우 감독의 〈꽃잎〉은 프린트가 거
꾸로 돌아가 환불소동도 벌어졌다.

극장 환경이 열악했던 당시, '껌'과 '고양이 사건'도 잊을 수 없는
일화 중 하나였다. 개막을 앞두고 극장 화면을 점검하고자 객석 의자
에 앉았던 문정수 시장의 바지에 껌이 달라붙어 관계 직원들이 혼쭐
이 났었고, 개막식 다음 날 영화를 심사하던 에리카 그레고르 여사가

쥐에 물려 비명을 지르기도 했다. 오석근 사무국장은 쥐를 잡기 위해 고양이를 극장에 풀어 넣었는데, 영화 상영 도중에 고양이가 울어 이번에는 쥐가 아닌 고양이를 잡기 위해 자원봉사자들이 뛰어다니는 소동도 있었다.

영화제 개막을 앞두고 나는 개막식에서 연설을 가능한 한 없애기로 했다. 1996년 5월에 열렸던 제49회 칸영화제에서도 주무장관이 참석했었지만, 정부 측 인사 누구도 단상에 오르지도 않았고 연설도 없었다. 개막 파티에서도 연설은 물론, 리셉션 라인에 호스트가 서 있는 일조차 없었다.

영화제 기간 중 전국에서 18만 4천 명의 관객이 몰리면서, 첫 회부터 '대박 행진'을 예고했다. 특히 10대와 20대의 젊은 세대가 관객의 90%를 차지함으로서 부산을 찾은 외국 영화인들을 놀라게 했다.

동구권의 가장 대표적인 영화제 카를로비바리영화제에는 체코의 하벨 대통령이 개막식에 거의 빠지지 않고 참석해 왔었지만, 그는 경호원도 없이 조용히 와서 2층 객석에서 관람한 후 프라하로 되돌아가곤 했다.

칸영화제의 50주년과 60주년 행사 때도 축사가 없기는 마찬가지였다. 비교적 관료주의적 성향이 짙은 베를린영화제나 도쿄영화제, 대만과 상해영화제처럼, 총리 또는 수상이나 장관 또는 시장의 축사가 있는 영화제도 있기는 하지만….

▶ 이회창 대통령 후보가 방문하였던 남포동 야외무대. (© 부산국제영화제)–위 /
남포동 피프광장에 마련된 야외무대.–아래

나는 정치인들의 축사를 거절하는 방편으로 김영삼 대통령의 축하 영상메시지를 받아, 개막식장에서 상영하고 '행정부 수반', '국가원수'의 메시지라는 방패로 당시 참석했던 장관과 국회 상임위원장의 축사를 정중히 거절했고, 부산시장도 환영사 없이 개막선언만 하도록 설득했다. 대통령 영상메시지도 2회 영화제까지만 받았고, 3회 영화제부터는 이것마저 사절함으로써 부산국제영화제는 '축사'가 없는 문화행사로서의 전통을 이어갈 수 있었다.

특히 대통령선거가 있었던 1997년, 개막식에 당시 김대중 야당 대통령 후보가 참석하면서 인사소개와 축하 인사 요청이 있었지만, 정중히 거절했다. 며칠 후에는 이회창 여당 대통령 후보가 남포동 야외무대를 찾았고 주변에서는 이 후보를 무대에 오르도록 권유했지만, 오석근 사무국장이 눈물을 글썽이면서 이를 만류함으로써 정치적인 중립을 지켜낼 수 있었다.

이후 부산국제영화제에 참석하는 정부의 장·차관이나 정치인들은 누구도 무대에 오르지 못한다는 전통이 세워졌다.

9월 21일, 아시아 신인작가상을 받은 〈무산의 비구름〉이 상영되고, 폐막 파티가 끝난 후 우리는 해가 솟아오를 때까지 해운대 해변을 거닐면서 흥분을 가누지 못했다.

영화잡지 「버라이어티」는 제1회 부산국제영화제가 '예술과 대중적 성공 모두를 거두었다'라고 평가했다.

8.
첫 회의 성공,
해외 초청 러시

❙ 기타노 다케시 등 거장 감독과 배우, 남포동에 핸드프린팅 남겨

제1회 부산국제영화제의 성공이 몰고 온 파장은 컸다.

자치단체마다 '영화제 창설'이 유행처럼 번졌다. 바로 다음 해, 서울국제여성영화제와 부천판타스틱영화제가 출범했고, 2000년에는 전주국제영화제가, 2001년에는 광주국제영화제가 뒤를 이었다. 이처럼 많은 영화제가 생긴 것은 부산국제영화제의 성공에 그 원인이 있는 것 같았다.

처음 영화제 개최에 회의적이었던 문정수 부산시장은 영화제의 '광팬'이 되었고, 영화제에 관한 한 모든 결정은 집행부의 자율적인 판단에 맡겼다. 이러한 '자율성'의 보장은 영화제를 성공케 한 모티브가 되었다. 부산시의 지원예산도 3억원에서 5억원으로 증액되었다.

또한 부산을 찾았던 해외영화인과 외신을 통해 부산국제영화제는 전 세계에 회자되기 시작했다. 영화 선정을 위해 해외에서 뛰고 있는 부산영화제의 프로그래머들은 더 이상 미지의 세계에서 온 '외계인'이 아니었고, 그만큼 영화를 선정하고 부산으로 초청하는 일이 쉬워졌다.

급격한 변화는 나에게도 찾아왔다. 해외에서 초청장이 날아오기 시작했고, 해외 출장이 빈번해졌다.

하와이국제영화제의 지넷 펄슨 집행위원장이 귀국하자마자 제일 먼저 초청장을 보냈다. 그녀와는 1990년 8월에 개최된 인도 뉴델리 아시아영화진흥기구 창설 회의에서 처음 만났고, 그 후 영화진흥공사를 찾아오면서 친해졌다.

초청장에서 지넷 펄슨은 하와이에서 사토 타다오 선생과 '화해의 자리'를 마련하겠다고 덧붙였다. 일본의 원로평론가인 사토 타다오 선생은 임권택 감독과 친했고, 후쿠오카시가 주관하는 후쿠오카영화제의 집행위원장을 맡고 있었다.

제1회 부산국제영화제가 공교롭게 후쿠오카영화제와 개·폐막일이 겹쳐 매우 섭섭하게 생각하고 있던 때였는데 이를 전해 들은 지넷 펄슨이 중재에 나섰고 하와이에서 사토 타다오 부부를 만나 오해를 풀 수 있었고, 그 후 매년 우리는 부산과 후쿠오카를 상호방문하면서 더욱 친밀한 사이가 되었다.

다음 해인 1997년 8월 9일 자넷 펄슨은 가족과 친지 50명을 초청, 집 앞의 바닷가에서 떠오르는 해를 바라보며 결혼식을 올리고 저

▶ 왼쪽부터 저자, 자넷 펄슨 부부, 이안 감독.(1996년 11월)

녁에는 와이키키 해변 모래사장에 특설무대를 마련하고 주지사를 비롯한 귀빈들을 초청했다.

  남편인 빌소니 헤레니코가 연출하고 그녀가 제작한 '파인 댄싱'을 초연(初演)한 후 인근 호텔로 자리를 옮겨 밤새도록 댄스파티를 열었다. 내가 참석했던 가장 환상적인 결혼식이었다.

  두 번째 초청장은 1996년 11월 14일 로테르담영화제 집행위원장 사이먼 필드로부터 팩스로 날아왔다. 1월 29일부터 2월 9일까지 열리는 로테르담영화제에 심사위원장으로 와 달라는 것이었다. 국내영화제의 심사도 해 본 경험이 없는데 10대 영화제 안에 들어가는 국제영화제에서 심사위원도 아닌 심사위원장을 맡게 되면서 불안했다.

▶ 하와이영화제 심사위원. 오른쪽 첫 번째 저자.(1997년 11월)

　나는 즉시 교보문고로 달려가 회의 진행에 관한 영문서적을 구입했고, 동의· 재의와 같은 용어와 문장을 메모했다. 그리고 로테르담으로 향했다. 1993년 12월, 영국현대예술원(ICA) 영화 담당 책임자였던 사이먼 필드는 한국 영화 회고전을 준비하기 위해 영화평론가 토니 레인즈와 함께 처음, 서울에 왔다. 나는 귀국 전날 그를 조찬에 초대했고, 밤에는 박기용 감독과 건축가 김원 사장을 초대해 함께 술을 마셨다.

　밤늦도록 이어진 술자리에서 토니와 박기용은 진 한 병을, 사이먼과 나는 양주 두 병을 비우면서 그와 나는 '술친구'가 되었다. 1995년 그는 로테르담영화제 집행위원장으로 자리를 옮겼고, 1996년 5월 영화제 창설 준비차 칸에 갔을 때 그는 많은 조언을 해주었다.

첫 부산영화제 때 그는 자신이 맡은 영화제가 개막 4개월을 앞둔 시점이었기 때문에 부산영화제에 참석하지 못하면서 나를 심사위원장으로 초대했다. 벨기에 출신 프랑스 여성감독 샹탈 에커먼, 미국영화평론가 파비아노 카노사, 튀니지 여성감독 무피다 트라틀리, 네덜란드 여배우 아리안 슐리터와 함께 심사하면서 많은 것을 배우고 경험했다.

그 해 홍상수 감독의 데뷔작인 〈돼지가 우물에 빠진 날〉은 상금 1만 달러가 수여되는 '타이거 어워드'를 수상했다. 그 이후 사이먼은 매년 부산을 찾았고, 우리들의 우정은 깊어갔다.

그 이후 1997년 4월에는 필립쉬어와 스위 랭이 집행위원장으로 있는 싱가포르영화제에, 7월에는 마에다 부부가 운영하는 또 다른 후쿠오카영화제에, 11월에는 또다시 하와이영화제에, 다음 해 1월에는 말티 사하이가 주도하는 인도영화제에 각각 심사위원으로 초대받았다.

부산국제영화제의 위상이 해마다 높아지면서 해외여행 횟수도 해마다 늘어났다. 부산영화제 기간만 해도 매년 15회 이상 많게는 24회 심사위원이나 주요 게스트로 초청받았다. 일 년에 절반 이상을 해외에서 보냈다.

제3회 영화제가 열리는 1998년도 예산에 7억원의 국고보조를 받게 되었다.

시간에 쫓기면서 정신없이 첫 영화제를 마친 우리는 즉시 자체 평가 작업에 착수했다. 자막·통역·초청 등 운영시스템은 물론, 부산국

▶ 인도 시네판영화제 심사위원-왼쪽부터 크라우스 에더 뮌헨영화제 집행위원장, 인도 아파르나 센 감독, 사바나 이즈미 배우, 저자.-위 / 후쿠오카아시아영화제 마에다 집행위원장, 심사위원 헬렌이, 저자, 황지엔신 심사위원과 장민 감독, 스테프, 게스트와 함께.(1997년)-아래

제영화제의 정통성을 확립하기 위한 프로그래밍 자체에도 개선작업이 병행되었다.

'뉴커런츠'(새로운 물결) 시상제도가 수정되었고, 부산을 찾는 월드스타나 거장 감독들의 이름을 피프광장에 새겨놓기 위해 '핸드프린팅' 제도를 마련했다. 개막 영화 〈차이니스 박스〉을 갖고 부산에 온 웨인 왕 감독과 세계적인 배우 제레미 아이언스가 남포동 야외무대에서 핸드프린팅을 했다.

코미디언이면서 감독과 제작자를 겸하고 있는 기타노 다케시는 기자회견에서 "앞으로 자주 올테니 월드컵 예선전에서 한국이 일본에게 한 번만 져주면 좋겠다"라고 말해 좌중을 웃겼다.

그해 칸영화제에서 대상인 황금종려상을 공동으로 수상한 일본 이마무라 쇼헤이 감독의 〈우나기〉와 이란 압바스 키아로스타미 감독의 〈체리향기〉, 그리고 베니스영화제에서 대상인 황금사자상을 받은 일본 기타노 다케시 감독의 〈하나비〉가 모두 부산에 초청되었고 부산영화제를 방문한 압바스 키아로스타미와 기타노 다케시, 부산영화제를 통해 재조명받은 김기영 감독, 그리고 〈아편전쟁〉의 씨에 진 중국 감독도 핸드프린팅의 주인공이 되었다.

첫해와는 달리 시간적인 여유를 가지고 전 세계를 누빈 프로그래머들에 의해 제2회 부산국제영화제는 초청작품 수에 있어서는 33개국 163편으로 31개국 169편이었던 첫해와 비슷했지만 초청된 영화와 게스트의 수준은 훨씬 좋았다는 평가를 받았다. 특히 압바스 키아로스타미 감독과 기타노 다케시 감독에 대한 관중의 뜨거운 열광은 그들에게 부산을 다시 찾도록 했다.

코미디언이면서 감독과 제작자를 겸하고 있는 기타노 다케시는 기자회견에서 "앞으로 자주 올테니 월드컵 예선전에서 한국이 일본에게 한 번만 져주면 좋겠다"라고 말해 좌중을 웃겼다. 귀국한 후 TV에 출연할 때마다 부산국제영화제를 홍보하기도 했다.

10월 15일 저녁에는 그와 함께 남포동에서 술을 마신 후 대취(大醉)한 채로 미포 바닷가에서 열린 '초록 물고기' 파티에 참석, 함께 무대인사를 했던 기억은 아직도 생생하다. 2010년 10월 '시네21'과의 인터뷰에서 그는 "부산국제영화제에서 김동호 위원장과 1년분의 술을 밤새워 마셨던 것을 평생 잊을 수가 없다"고 회고하기도 했다.

특히 부산을 통해 보여진 이창동 감독의 〈초록물고기〉, 장윤현 감독의 〈접속〉, 김기덕 감독의 〈악어〉, 장선우 감독의 〈나쁜 영화〉, 박찬욱 감독의 〈3인조〉, 김성수 감독의 〈비트〉, 전수일 감독의 〈내 안에 우는 바람〉 등 한국영화들은 칸, 베를린, 베니스 등 주요 영화제의 대상을 휩쓴 아시아 감독들의 영화와 함께 세계의 이목을 '아시아와 한국에' 집중케 했다.

1997년 10월 10일에서 18일까지 열린 제2회 영화제도 부산국제영화제가 '아시아영화의 중심'으로 서서히 옮겨가고 있음을 보여주면서 그 막을 내렸다.

SCENE 2

> 나는 2001년 8월 16일 기획예산처에 가서
> 전윤철 장관을 비롯한 차관, 실장, 국장을 차
> 례로 만나 동결되었던 영화제지원예산(안)을
> 모두 전년도 수준으로 확정시킬 수 있었다. 그
> 이후 몇 차례의 고비가 있었지만 모두 신철식
> 국장의 적극적인 도움으로 이를 극복하고 10
> 억원의 정부 보조를 계속 받을 수 있었다.

9.
정부예산 확보에
총력

| 영화제가 끝나자마자 인맥 동원해 정부예산 확보

프랑스 칸영화제의 예산은 해마다 차이는 있지만 약 2천만 유로로 이 중 50%인 1천만 유로를 정부와 국립영화원(CNC)에서 지원받고 있으며, 독일의 베를린영화제 예산은 1천6백 만유로, 이 중 8백만 유로를 연방정부와 지방정부에서 지원받고 있다.

역사가 가장 오랜 베니스영화제는 규모 면에서 부산영화제보다 작지만 예산은 훨씬 많은 1천만 유로에 달한다.

제1회 영화제를 부산시에서 3억원만 지원받고 22억원의 행사를 치렀던 상황에서 정부예산을 확보하는 일은 무엇보다 필요했고, 또 시급했다. 먼저 문화체육부부터 설득했다.

실무자들은 신규사업비의 계상을 주저했지만, 송태호 장관, 김종

▶ 테니스 시합 후 기념촬영. 뒷줄 왼쪽부터 첫 번째가 김석우 전 통일부 차관, 두 번째 임창렬 전 경제부총리,
다섯 번째 민관식 전 국회부의장, 일곱 번째 필자.

민 차관의 도움으로 30억원을 재정경제원에 요구할 수 있었다.

재정경제원의 심의과정에서 어렵게 7억원을 확보할 수 있었지만,
1998년 1월 IMF 이후 예산의 축소 재편성과정에서 5억원으로 줄
었다. 그러나 고교 후배인 임창렬 부총리 겸 재정경제원 장관과 역
시 고교 후배인 신철식 과장의 도움을 받아 되살렸다. 이렇게 해서
1998년도 제3회 영화제 예산에 처음으로 7억원의 정부 보조를 받을
수 있었다.

다음 해인 1999년도 예산은 10억원으로 늘었다.

1999년도 예산을 다루고 있던 국회 예산결산 특별위원회의 계수
조정 마지막 날 나는 부산 출신의 예결위원장 김진재 의원을 만나 3
억원을 증액하는 데 성공했다. 그 이후 10억원의 정부 보조는 여러
차례 위기가 있었지만 2004년까지 지속될 수 있었다.

2001년의 예산을 편성하던 2000년 여름, 나는 첫 번째 위기를 맞 았다.

당시 기획예산처는 모든 영화제에 대한 국고보조는 3회에 한하여 지원한다는 원칙을 정해 놓고 이를 고수했다. 문화관광부나 부산시의 집요한 설득도 먹혀들지 않았다. 나는 지연과 학연을 동원했고, 결국 이수원 과장의 도움으로 10억원의 국고보조를 유지할 수 있었다.

2002년도 예산을 심의하는 과정에서도 기획예산처는 모든 영화 제 지원예산을 동결했다. 부천의 김홍준, 전주의 최원, 여성영화제의 이혜경 위원장은 내가 나서주기만은 기다리고 있었다.

나는 2001년 8월 16일 기획예산처에 가서 전윤철 장관을 비롯한 차관, 실장, 국장을 차례로 만나 동결되었던 영화제지원예산(안)을 모두 전년도 수준으로 확정시킬 수 있었다. 그 이후 몇 차례의 고비 가 있었지만 모두 신철식 국장의 적극적인 도움으로 이를 극복하고 10억원의 정부 보조를 계속 받을 수 있었다.

10주년인 2005년을 앞두고 10주년 사업비로 5억원이 증액됨으 로서 영화제 국고보조는 15억원으로 늘었다. 이때에도 부산국제영 화제를 찾았던 국회 문화관광위원들이 국회 상임위원회에서 10억원 의 증액을 예결위원회에 요구한 것을 계기로 나는 예결위원회 계수 조정위원 전원은 물론 각 당의 원내대표까지 만나서 설득 작업을 펼 친 끝에 5억원을 증액할 수 있었다.

2006년부터는 '선택과 집중'의 원칙에 따라 문화관광부에 의해 영 화제에 대한 평가와 이에 근거한 지원예산의 가감작업이 이루어지기 시작했고 그 결과에 따라 부산영화제의 정부 보조는 2006년에는 13억원, 2004년에는 14억원으로 증액되었다.

한편 첫해에 3억원을 지원했던 부산시는 1997년(2회)부터 2000년(5회)까지 4년간 매년 5억원을 지원하는 데 그쳤다. 안상영(작고) 시장에 의해 영화제 예산은 2001년 7억 3천 2백만원, 2002년 10억원, 2003년 12억원, 2004년에 13억원으로 늘었고, 허남식 시장에 의해 다시 2005년에 18억원, 2006년에 28억원, 2007년에 30억원으로 대폭 증액되었다.

지금은 전체예산안 120억원으로 대폭 늘었고 그중 60여억원을 부산시에서, 15억원은 정부(영화진흥위원회)에서 나머지는 기업협찬으로 충당하고 있다.

| 기업의 스폰서 구하는 일은 더 힘들어

정부나 부산시의 예산을 확보하는 일보다 기업의 스폰서를 구하는 일은 몇 배가 더 힘들었다. 지난 12년간의 메이저 스폰서의 변동만 보더라도 부산국제영화제의 취약하고도 불안정한 재정구조를 쉽게 이해할 수 있을 것이다.

고교동기인 김우중 회장의 부인 정희자 회장의 배려로 1, 2회 각각 3억원, 3회 2억원의 지원을 받았다.

2회 영화제에 3억원을 협찬했던 SK텔레콤은 센텀시티에 대한 투자를 포기하면서 3회 협찬을 중단했지만, 한때 차관을 같이했던 서정욱 사장의 도움으로 2000년에는 KTB Network가 3억원을 협

▶ 테니스코트에서 우승 트로피 들고 있는 신철식 전 국무조정실 정책차장. 그는 기획예산처 과장·국장·실장 재직시 부산국제영화제의 예산책정 및 증액에 직간접으로 큰 도움을 준 그야말로 부산국제영화제의 숨은 공로자이다.

찬했다가 2001년에 1억원으로 줄었으며 다음 해에는 중단되었다. 2002년과 2003년에 가가 4억원을 지원했던 포스코건설(RDS)은 2004년에는 영화제 직전에 RDS가 파산함으로써 중단될 수밖에 없었다.

네이버인 NHN가 2005년에 2억원, 2006년과 2007년에 각각 5억원을 지원하였다. 그리고 2010년 처음으로 제일모직 빈폴에서 10억원을 협찬했다.

이렇게 해서 부산국제영화제의 예산은 해마다 늘어 1회 22억원에서 12회 80억원으로 증액되었다. 이 과정에서 많은 기업인과 후원자들의 성원이 뒷받침되었다.

그러나 부산영화제가 안정기조위에서 한 단계 도약하기 위해서는 정부 보조의 대폭적인 증액과 함께 기금 마련이 시급한 실정이다.

10.
3년 만에 '아시아의 칸'으로

┃ '택배'에 몸을 싣고 남포동에서 해운대로

제3회 영화제가 열린 1998년은 부산국제영화제와 한국영화에 매우 중요한 의미를 지닌 해였다.

1, 2회를 거치면서 영화제는 비교적 안정된 기틀을 마련할 수 있었고, 3회부터 운영하기 시작한 '부산프로모션 플랜'(PPP), 지금의 '아시아 프로젝트마켓'은 부산국제영화제를 대표하는 '명품 브랜드'가 되었다. PPP는 로테르담영화제의 '시네마트'를 벤치마킹, 우리의 것으로 리모델링한 작품이다.

제1회 영화제가 끝난 후, 1997년 1월 로테르담영화제에 심사위원장으로 초대받아 갔다. 이곳에서 운영하는 '시네마트'를 보고 "바로 이것이다"라는 생각이 떠올랐다. 시네마트는 전 세계에서 선정한 40여 편의 영화제작 기획과 투자자들이 서로 만나, 영화를 제작할 수

▶ 로테르담영화제 심사위원장−왼쪽부터 모피다 틀라틀리, 뒤에 김동호, 파비아노 아누사(미국 평론가),
  샹탈 에커만(프랑스 감독), 아레노 슈루터(네덜란드 배우) (1997년 1월)

▶ 칸영화제[경쟁부문에 선정된 임권택 감독의 〈춘향뎐〉. 왼쪽부터 이태원 사장, 주연배우 조승우, 임권택 감독,
  주연 여배우 이효정, 정일성 촬영 감독.(2000년)

▶ 2001년 제4회 PPP시상식. 왼쪽 김동호 위원장.-위 /
왼쪽부터 정태성 전문위원, 저자, 박광수 부위원장.-아래 (© 부산국제영화제)

있게 주선하는 일종의 '영화시장'이었다. 돈이 없어 영화제작을 못하는 대부분의 아시아 감독들을 위해 부산영화제가 해야 할 역할이라고 생각했다.

부산프로모션 플랜의 창설은 박광수 부위원장이 폴이와 함께 주도했다. 우리는 1998년(제3회)에 창설하기로 방침을 정했고, 1997년에 열린 제2회 영화제 때 전문가들을 초청, 'PPP 97' 세미나를 열었다.

개막 영화 〈차이니스 박스〉와 함께 부산을 찾은 웨인 왕 감독과 프랑스에서 공동제작을 지원하는 영화전문 방송사인 '스튜디오 카날 플러스'의 다니엘 마르케, NDF 인터내셔날의 미치오 요시자카가 세미나의 주제발표를 맡았다. 프랑스 일본 영국 미국 홍콩 등 5개국의 자본으로 제작된 〈차이니스 박스〉에 대한 사례발표가 있었고, 공동제작 및 투자에 관한 토론이 이어졌다.

이 세미나는 한국영화계에 공동제작에 관한 비상한 관심을 불러일으켰다. 그리고 1998년 2월 2일 로테르담영화제에서 PPP의 출범을 알리는 기자회견을 했다. 이 자리에서 부산의 PPP와 로테르담영화제의 시네마트가 자매결연했다. 아시아 감독들의 프로젝트를 서로 교환한다는 것이었다.

처음 열린 PPP는 대성황을 이루었다. 중국의 티엔 주앙주앙, 일본의 이시이 소고, 한국의 김수용 박기용 등 16편의 프로젝트가 소개되었고, 네덜란드의 포르티시모, 미국의 20세기 폭스 인터내셔널, 미라맥스 등 세계 각지의 투자, 배급관계자 290여 명이 참가했다.

▶ 칸에서 심사위원 대상을 수상한 〈올드보이〉의 박찬욱 감독과 함께.(2004년 5월)

많은 성과를 거두었다. 특히 IMF로 아시아 각국이 경제위기를 맞고 있을 때, 아시아 감독들의 영화제작을 위한 활로를 터주었다는 점에서 부산 프로모션 플랜은 '적시안타'를 날린 셈이다.

그리고 1998년은 한국영화의 해외 진출에도 새로운 역사를 기록한 해였다.

5월에 개최된 칸영화제에 〈아름다운 시절〉(이광모), 〈8월의 크리스마스〉(허진호), 〈강원도의 힘〉(홍상수), 〈스케이트〉(조은령, 단편경쟁) 등 네 편의 한국영화가 초청된 것이다. 1997년까지 칸영화제 50년 역사를 통해 한국영화는 이두용 감독의 〈물레야 물레야〉(1984), 배용균 감독의 〈달마가 동쪽으로 간 까닭은〉(1989), 신상옥 감독의 〈증발〉(1994), 양윤호 감독의 〈유리〉(1996), 전수일 감독의 〈내 안에 우는 바람〉(1997) 등 5편만이 상영되었을 뿐이었다.

▶ 베니스영화제에서 〈하나비〉로 황금사자상을 수상한 키타노 다케시 감독과 저자.(1997년)

그만큼 칸과 한국영화 사이에는 두꺼운 장벽이 놓여 있었는데 이 장벽이 하루아침에 무너진 셈이다. 이 해부터 한국영화는 매년 4~5 편이 칸영화제에 초청받았다. 1950년에 5편이었는데 매년 4편이 소개된다는 것은 획기적인 일이 아닐 수 없다.

2000년에는 임권택 감독의 〈춘향뎐〉이 역사상 처음으로 칸의 경쟁부문에 올랐고, 2002년에는 임권택 감독의 〈취화선〉이 감독상을, 2004년에는 박찬욱 감독의 〈올드 보이〉가 그랑프리인 심사위원대상을 수상했다. 이런 맥락에서 1998년은 한국영화의 해외 진출에 물꼬를 튼 해였고, 부산국제영화제가 그 창구기능을 하게 된 것이다.

9월 24일에서 10월 1일까지 8일간 개최된 제3회 영화제에서는 41개국 211편의 영화가 초청되었고, 19만 2천 명의 관객이 참여했다. 이란 감독 모흐센 마프말바프의 〈고요〉가 개막 영화로, 일본 이

마무라 쇼헤이 감독의 〈간장선생〉이 폐막작으로 상영되었다.

중국 지아 장커 감독의 첫 번째 영화 〈소무〉가 최우수아시아영화
작가상을 받았다. 〈소무〉는 전 세계영화제를 순회하면서 좋은 평가
를 받았다. 지아장커 감독은 제1회 PPP에도 차기 프로젝트인 〈플랫
폼〉을 발표했고, 영화가 완성된 후 이 영화는 2000년 베니스영화제
경쟁부문에 선정되었다.

> *첫 영화제가 실패했다면 나는
> 책임지고 물러났을 것이고,
> 영화제 또한 1회로 끝났거나 작
> 은 영화제로 지금까지 그 명맥
> 을 유지하고 있었을 것이다. 다
> 행히 영화제는 성공했지만, 그
> 후유증도 만만치 않았다.*

그리고 2006년 〈스틸 라이프〉로 그는
베니스영화제에서 대상인 황금사자상
을 거머쥠으로써 거장 감독의 반열에 올
랐다. 이를테면 부산이 발굴한 세계적인
감독의 대표적인 사례라고 할 수 있다.

일본영화의 수입이 금지되었던 시기
에 제1회 영화제에서 츠카모토 신야의
〈동경의 추억〉 등 15편, 제2회 영화제
에서 키타노 타케시 감독의 〈하나비〉 등
17편, 제3회 영화제에서 폐막영화를 포함, 코레에다 히로카즈의 〈사
후〉 등 28편의 일본영화가 상영됨으로서 부산국제영화제는 일본영
화의 개방을 앞당기고 한일영화교류를 트는 역할을 했다. 일본영화
는 1999년부터 개방되기 시작했다.

유럽영화진흥기구인 유로피안 필름 프로모션(EFP)이 부산에서 처
음으로 공식행사를 가졌다. 유럽영화진흥기구는 1997년 2월 16일

베를린영화제에서 오스트리아 필름 커미션, 브리티시 스크린 등 유럽 각국의 영화진흥기구 대표들이 모여 창설한 기구다.

그들은 출범 직후인 4월 3일 사무국장인 레나테 로제 이름으로 부산국제영화제에 참가하고 싶다는 팩스를 보냈고, 나는 4월 7일 싱가포르영화제에 참가하기 위해 출국하는 김포공항에서 독일영화수출입공사의 루카스 슈바이자커를 만났다. 이에 따라 5명의 대표가 제2회 부산영화제에 참가한 바 있었다.

그리고 제3회 영화제 기간 중 유럽영화진흥기구에서 거의 모든 회원단체의 대표들이 참석, 공식행사를 개최함으로써 유럽과 아시아를 잇는 가교역할을 하는 공식적인 협력관계가 수립되었다.

세계적인 여배우 이자벨 위뻬와 〈천사들이 춤추는 세상〉으로 칸영화제에서 여우주연상을 받은 나타샤 레니에를 포함하여, 다니엘 토스캉 뒤 플랑띠에 유니프랑스 사장을 단장으로 구성된 프랑스 영화인들이 대거 부산을 방문 '프랑스의 밤' 행사를 개최함으로써 영화제 기간 중 자국 대표단을 위한 파티가 경쟁적으로 열리기 시작했다.

이에 앞서 제2회 영화제 기간 중인 1997년 10월 14일과 15일에는 아시아영화진흥기구(NETPAC) 총회가 부산호텔에서 열렸고, 이 기구의 본부를 부산에 두기로 결정한 바 있었다.

이처럼 아시아와 유럽의 영화진흥기구들과의 긴밀한 협력체제의 구축은 '신생' 부산국제영화제의 위상을 높여 주는 중요한 계기가 되었다.

영화제 기간 중인 9월 26일 남포동 극장에서 경쟁부문인 뉴커런츠에 선정된 중국영화 〈소무〉의 지아장커 감독을 소개한 후 해운대

요트경기장 야외무대에서 프랑스대사를 포함한 프랑스 감독과 배우를 소개해야 하는데, 그 간격은 40분밖에 없었다. 고민 끝에 택배회사에 전화를 걸어 택배 오토바이 뒤에 짐 대신 내가 타고 남포동에서 해운대로 달려갔다. 위험하기 짝이 없었지만, 선택의 여지가 없었다.

이날 이후 3~4년간 택배 오토바이는 남포동과 해운대를 오가는 전용 교통수단이 되었다.

영화제가 성공했건, 실패했건 후유증은 있게 마련이다.

첫 영화제가 실패했다면 나는 책임지고 물러났었을 것이고, 영화제 또한 1회로 끝났거나 작은 영화제로 지금까지 그 명맥을 유지하고 있었을 것이다. 다행히 영화제는 성공했지만, 그 후유증도 만만치 않았다.

나는 한동안 '텃세' 또는 '지역주의'에 시달려야 했다. 영화제가 성공하면서 "왜 서울 사람들이 부산에서 영화제를 하느냐?" 하는 비난이 일기 시작했다. 제2회 영화제마저 성공하자, 부산의 일부 언론과 영화계에서 이런 여론은 표면화됐다. 나는 그분들에게 "3년만 하고 물려주겠다"라고 말했다.

부산시장을 통해서 '프로그래머' 청탁도 들어 왔다. "아시아영화를 선정하자면 일 년에 5백 편 이상의 영화를 보아야 하는데 한 사람 가지고 되겠느냐"는 식이었다. 나는 "한 사람이 책임지고 선정해야만 일관성을 유지할 수 있다"고 단호하게 거절했다.

심지어 함께 영화제를 창설한 이용관 한국영화 프로그래머마저 1회 영화제가 끝난 후 사퇴하겠다고 고집했다. 그때마다 나는 밤새 소

▶ 부산에 온 유럽영화진흥기구(EFP) 대표단.(2010년 10월)-위 /뉴델리에서 개최된 넷팩 총회.-아래

주를 마시며 만류했고, 그는 고집하다 번복하기를 몇 번 한 끝에, 사퇴를 포기하고 말았다.

제2회 영화제가 끝난 후 11월 4일 나는 부산의 언론인과 대학교수 등 문화계 인사로 구성된 '신사고포럼'에서 제1회 '올해의 부산인상'을 받았다. 격론 끝에 부산사람은 아니지만, 첫 번째 수상자로 결정하는 것이 오히려 '신사고'정신에 맞는다는 논리로 만장일치로 결정했다고 들었다. 이 수상은 부산의 언론과 문화계로부터 '인정'을 받았다는 점에서 자신감을 갖게 했다.

제3회 영화제가 끝난 후 외신들은 부산국제영화제를 '아시아의

▶ 한국영화를 유럽에 알리는 데 앞장선 프랑스 영화 프로듀서이자
칸영화제 자문위원이었던 피에르 리시앙과 저자.

'김동호와 부산국제영화제'

칸'으로 평가하기 시작했다.

10월 2일 자 「아시안 월 스트리트 저널」은 '부산국제영화제의 화려한 개막식은 이 8일간의 행사가 아시아의 칸으로 발돋움하려는 서막이었음을 여실히 드러내 주고 있었다'라고 전제하고 '부산영화제는 불과 3년 만에 이미 아시아영화관련 행사 중에서는 가장 중요한, 가장 의욕에 찬 행사로 그 인식을 드높였다고 보도했다.

10월 16일 자 「르 필름 프랑세」도 '제3회의 부산영화제를 보며 사람들은 이구동성으로 부산은 아시아의 칸이라고 입을 모았다'고 보도했다.

불과 3년 만에 부산국제영화제는 아시아를 넘어서 세계에서 주목받는 영화제로 평가받게 된 것이다.

11.
친소관계를
따지며 인맥 구축

Ⅰ 얽히고설킨 친소관계 따져가면서 '인맥' 구축해야

1998년 9월 27일 오후 4시 코모도호텔에서는 '아시아영화의 미래'라는 주제로 세미나가 열렸다. 단상에는 로카르노영화제 집행위원장 마르코 뮐러, 영국의 영화평론가 토니 레인즈, 토론토영화제 프로그래머 데이빗 오버비, 프랑스의 영화평론가 피엘 리시앙과 막스 테시에 등이 자리했다. 폴 이(Paul Yi)가 사회를 맡았고, 참석자들은 모두 아시아영화의 전문가들이었다. 부산 프로모션 플랜(PPP)의 출범과 함께 열린 이 토론회에서 많은 의견이 개진되었고, 열띤 토론이 있었다.

그런데 이 토론회는 참석자들의 면면 때문에 숱한 화제를 남겼다. 마르코 뮐러와 토니 레인즈, 피엘 리시앙과 데이빗 오버비 그리고 피

▶ 부산 코모도호텔에서 열린 '아시아영화의 미래' 세미나. 왼쪽부터 토론토영화제 프로그래머 데이비드 오 비비(작고), 부산프로모션플랜 어드바이저 폴 이, 영화평론가 토니 레인즈, 프랑스 평론가 파에르 리시앙.

엘 리시앙과 막스 테시에는 견원지간(犬猿之間)에 비유할 정도로 사이가 나빴다. 피엘 리시앙과 토니 레인즈 사이도 좋은 편은 아니었다. 이 때문에 이들이 한자리에 앉은 것 자체가 뉴스거리였다. '불협화음의 극치'를 보여준 이 세미나는 좀처럼 볼 수 없는 명장면을 연출했다는 점에서 두고두고 화제가 됐다.

이처럼 세계영화계에는 친소관계가 복잡하게 얽혀 있고, 그 사이 사이를 누비면서 인맥을 구축하는 일은 쉽지 않다.

부산국제영화제를 창설하기 위해 동분서주했던 1996년 4월 10일, 서울 성북구 성북동 주한 스위스대사관 문정관 집에 초청받았다. 마르코 뮐러의 방한을 계기로, 그와 친척인 스위스 문정관이 마련한

▶ 베니스영화제 집행위원장을 지낸 마르코 뮐러(오른쪽)와 저자

자리였다. 스위스 대사 부부와 메세나협의회 김치곤 사무처장이 함께 참석했다. 마르코 뮐러와는 구면이었다.

나는 부산국제영화제의 창설을 준비하고 있다고 말하면서 그의 조언과 협조를 부탁했다. 그는 흔쾌히 수락하면서 영화제 창설과 운영에 대한 경험담을 들려주었다. 한창 대화가 진행되던 중 무심코 영국의 토니 레인즈가 돕고 있다고 말했다. 그 순간 안색이 변하면서 "토니와 함께 잘 해보라"고 말하고, 이야기를 중단해 버렸다. 그 후 칸에서 만나서 부산영화제에 초청했지만, 두 해 연속 오지 않았다. 그러다가 1998년에 출범시킨 '부산프로모션 플랜(PPP)'의 토론자로 참가했다.

마르코 뮐러는 이탈리아 로마에서 태어나 중국에서 박사학위를 취

▶ 시에틀영화제 심사위원. 왼쪽부터 토니 레인스, 저자, 사이먼 필드.(2002년 6월)

득한 중국 통이고, 토니 레인즈는 영국태생으로 케임브리지대학에서 영문학을 전공했다. 중국어와 일본어에 능통한 토니는 홍콩영화제 창설에도 관여했고, 중국 감독들을 해외에 꾸준히 소개해 왔다. 이처럼 두 사람 다 중국영화 전문가로 서로 라이벌관계에 있기 때문에, 지금도 사이가 좋을 수 없다.

토니 레인즈를 싫어하는 영화인도 적지 않다. 제1회 영화제가 끝난 후 베를린영화제에서 만난 어떤 외국 언론인은 내가 부산영화제 집행위원장이라고 인사했더니 대뜸 "아, 그 토니영화제"하고 대놓고 비하하는 말에 당황한 적도 있었다. 1997년 싱가포르영화제에 함께 심사위원으로 참가했던 같은 영국의 영화평론가 데렉 말콤 국제비평가연맹 회장도 그 중의 한 사람이다.

키가 크고 뚱뚱한 체구의 토니는 체구와는 달리 어떤 때는 여자처럼 마음이 여리다. 그래서 그와 만날 때 세심한 부분까지도 신경 써야만 한다. 언젠가 로테르담영화제에서 토니를 만났는데 나를 보자마자 외면해서 당황한 나머지 그 이유를 추적해 보았다. 원인은 부산영화제에서 자문 수당은 주면서도 자문도 구하지 않았고, 본인에 대해 관심조차 기울이지 않고 있다는 것이었다. 그 오해를 푸는 데도 1년이 걸렸다.

2002년 7월 토니 레인즈, 사이먼 필드 그리고 프랑스 여성평론가와 함께 시애틀영화제 심사위원으로 참석했다. 영화 상영이 끝난 어느 날, 승차하던 중 무심코 앞자리에 앉았다. 뒷자리에는 프랑스 여성평론가, 사이먼, 토니가 앉게 되었다. 그런데 차에 오르려던 토니가 갑자기 뒷문을 쾅 닫고 걸어가 버렸다. 나는 사이먼에게 내가 잘못한 것이 아니냐고 물었지만, 그는 그렇게 생각하지 않는다고 말했다.

그러나 다음 날 아침 토니를 만났을 때, 그는 본 척도 하지 않았다. 같이 있던 사이먼에게 아무래도 나 때문인 것 같다고 말해도 사이먼은 그렇지 않을 것이라고 했다. 그날 저녁, 영화를 보기 전, 외면하고 있는 토니에게 나 때문에 화냈느냐고 물었더니 그렇다고 답하면서 체구가 큰 두 사람과 여자를 뒷자리에 타게 하고 혼자 앞에 앉는 것은 '이기적인 행동'이라는 것이었다.

나는 즉시 사과를 했고, 그는 어느 정도 화가 풀렸지만, 몇 달 후 부천영화제에서 만나 화해했다. 그는 싫고, 좋아하는 것이 분명하다. 그가 싫어하는 칸영화제와 베니스영화제, 그리고 싱가포르영화제에

▶ 베를린국제영화제에 참석한 울리히 그레고르 부부(왼쪽 첫 번째 및 두 번째)와 이혜경 여성영화제 위원장(세 번째).

서 한 번도 그를 만난 일이 없을 정도다.

　울리히 그레고르 부부와 모리츠 데 하델른 부부도 자타가 공인하
는 '앙숙'이다. 모리츠 데 하델른은 세계영화계의 '정치 9단'으로 불
릴 만큼 정치적 수완이 뛰어난 인물이다. 영국태생이면서 스위스에
서 성장한 모리츠 데 하델른은 1972년부터 7년간 스위스 로카르노
영화제 집행위원장을 거쳐 1979년부터 2001년까지 베를린영화제
집행위원장으로 무려 22년간을 재임했다.

　그 후 그는 베니스영화제 집행위원장, 뉴 몬트리올영화제 집행위
원장을 지냈다. 울리히 그레고르는 영화평론가로 베를린영화제에
서 영화 평론을 맡아오다가 1970년에는 부인 에리카 그레고르와 함
께 베를린영화제의 본선 경쟁부문과 별도로 '영 포럼'(International

Forum of Young Cinema) 부문을 창설한 후 무려 31년 동안 포럼을 이끌어 오다가 2001년 모리츠 데 하델른과 동반 퇴진했다.

모리츠 데 하델른이 베를린영화제 집행위원장으로 선임될 당시 오랫동안 베를린영화제에서 일해 온 울리히 그레고르가 당연히 위원장 물망에 올랐었고, 그 후 3년 또는 5년의 계약기간이 만료될 때마다 모리츠 데 하델른의 강력한 후임자로 거론되곤 했다.

2000년을 전후하여 영화평단에서는 포럼의 영화 선정이 경쟁부문보다 우수하다는 말이 퍼졌고, 한 걸음 더 나아가 그는 '포럼'을 베를린영화제로부터 독립시키겠다고 공언하기도 했었다. 이처럼 두 사람은 베를린영화제를 이끄는 쌍두마차였음에도 오랜 숙적관계에 있을 수밖에 없었다.

영화 선정을 위해 영화진흥공사를 찾은 모리츠 데 하델른은 부산영화제 카탈로그를 본 순간 에리카 그레고르가 어떻게 심사위원을 할 수 있느냐고 폭언을 하면서 영화도 보지 않은 채 귀국했다.

부산영화제를 출범시키면서 울리히 그레고르를 심사위원으로 위촉하고자 했지만, 선약 때문에 평론가이기도 한 그의 부인 에리카 그레고르를 심사위원으로 초대했다. 이것이 모리츠 데 하델른의 심기를 건드렸다. 그해 11월, 영화 선정을 위해 영화진흥공사를 찾은 모리츠 데 하델른은 부산영화제 카탈로그를 본 순간 에리카 그레고르가 어떻게 심사위원을 할 수 있느냐고 폭언을 하면서 영화도 보지 않은 채 귀국했다.

다음 해 1월 로테르담영화제에서 부산영화제와 자매결연 행사를 했다. 파리에 들러 질 자콥 칸영화제 집행위원장을 예방, 칸영화제에 소개될 한국영화와 칸에서 새로 창설하고자 하는 대학생 대상의 '시네폰다션'에 관한 의견을 나눈 후, 베를린영화제로 갔다. 포럼에서 초청한 '김기영 감독 회고전'에 참석하는 일과 모리츠 데 하델른 집행위원장과의 관계 개선을 위해서였다.

안타깝게도 김기영 감독 부부는 베를린을 방문하기 직전에 화재로 타계했고, 회고전은 추모전이 되고 말았다. 베를린에서 포럼부문에는 한국영화가 잘 소개되고 있었지만, 한국영화가 베를린영화제의 본선 경쟁부문에서는 몇 년째 우리 영화가 선정되지 못하고 있어 그와 친해 놓아야 할 필요가 있었기 때문이었다.

모리츠 데 하델른과는 첫 대면이었다. 나를 만나자마자 그는 4개항만 묻겠다고 하면서 에리카 그레고르를 심사위원으로 위촉한 이유, 로테르담에서 어떤 행사를 했는지, 칸영화제와는 무슨 유착관계가 있는지, 그리고 IMF 상황에서 영화제는 존속할 것인지를 질문했다. 그의 질문은 직설적이었고, 그 밑바탕에는 부산영화제와 울리히 그레고르와의 우호적인 관계에 대한 불만과 칸영화제와의 경쟁의식이 깔려 있었던 것 같았다.

그 이후 칸과 베니스에서 몇 차례 그를 만났고, 1998년 제3회 부산영화제에서 질 자콥 칸영화제 집행위원장과 모리츠 데 하델른 베를린영화제 집행위원장에게 한국영화 공로상을 주었다. 다음 해 2월 베를린영화제에서 이 상을 전달했다. 그런데 이번에는 모리츠 데 하델른의 '한국영화 공로상' 수상 소식을 데일리 뉴스에서 읽은 에리카

▶ 아루나 바슈데프 아시아영화진흥기구(NETPAC) 회장(왼쪽 세 번째)이 주요 간부들과 회동. 왼쪽부터 이란의 아테바이, 미국의 지넷 펄슨, 아루나 바슈데프, 저자(NETPAC 부회장)

그레고르가 대노(大怒)했다.

이미 첫 영화제에서 남편이 이 상을 제일 먼저 받았지만, 그녀의 분은 좀처럼 풀리지 않았다. 해명하는 편지도 보냈고, 칸에서도 만났으나 소용이 없었다. 그해 9월 베니스영화제에서 만나 조찬을 하면서 "없었던 일로 하자"고 화해도 했다. 그런데도 앙금은 남아 있었다. 그러다가 2002년 8월 로카르노영화제에서 아시아영화진흥기구상 심사를 남편과 함께하면서 앙금을 완전히 없앨 수 있었다. 실로 3년 반 동안 정성을 쏟아 그들 부부와의 관계를 원상으로 복원한 셈이다.

비 온 뒤에 땅이 굳듯이 지금은 그 이전보다 친해졌고, 제10회 영화제 때 그들 부부는 또다시 부산을 찾았다. 물론 모리츠 데 하델른 부부도 '한국영화 공로상' 이후 친해질 수 있었고, 그가 베를린을 떠나 베니스집행위원장으로 옮겼을 때나 뉴몬트리올영화제를 창설했을 때도, 그리고 그 자리마저 물러난 지금까지도 친하게 지내고 있다.

지금은 두 분 다 고인이 되었지만 피엘 리시앙과 아루나 바슈데프는 '최악'의 관계다. 나보다 한 살 위인 프랑스의 평론가 피엘은 불같은 성격을 갖고 있었다. 칸의 질 자콥과 절친한 그는 한국영화를 칸에 진출시키는 데에 많은 기여를 해 왔다. 한국영화인들과도 친소관계가 분명하다. 아시아영화진흥기구의 창설자인 동시에 회장을 맡은 인도의 아루나 바슈데프 여사는 부회장인 나와는 동갑내기다. 아루나에게 물어도 자기는 그 원인을 잘 모르겠다고 하지만 그녀를 싫어하는 피엘의 태도는 지나칠 정도였다.

2002년과 2006년 칸영화제의 경쟁부문에 오른 〈취화선〉(임권택)과 〈밀양〉(이창동)을 위해 개최된 '한국영화의 밤' 행사에, 피엘이 미리 영화진흥위원회 관계자에게 아루나를 참석 못하게 했음에도 그녀가 파티에 나타나자, '난동'을 부렸던 일화는 유명하다. 양쪽과 다 친한 나는 항상 중재자일 수밖에 없었다.

이처럼 친소관계가 매우 복잡하게 얽혀 있는 곳이 바로 세계영화계다. 좀처럼 파악하기 힘든 복잡한 인간관계 속에서, 각자의 기호와 개성이 다른 사람들 속에서, '모두가 친구'가 되는 독자적인 인맥을 형성하는 일은 결코 쉬운 일이 아니다.

바로 여기에 영화제를 이끄는 영화제 집행위원장들의 고민이 있다.(데이빗 오버비, 피엘 리시앙, 김치곤 세 분은 오래전에 타계했다.)

12.
영화의 도시
부산 점화

| 부산국제영화제, '영화도시 부산'에 불을 지피다

지난 1999년과 2000년은 한국영화의 '르네상스 시대'를 연 해라고 할 수 있다. 1999년, 영화 〈쉬리〉(강제규)가 620만 명의 관객을 동원, 한국영화의 시장점유율을 25%에서 36%로 끌어 올렸다. 2000년에도 〈공동경비구역 JSA〉(박찬욱)가 다시 620만 관객을 동원함으로써 그 뒤를 이었다. 이후 한국영화는 해마다 가속페달을 밟았다.

2001년에는 〈친구〉(곽경택)가 800만 명, 2004년에는 〈태극기 휘날리며〉(강제규)와 〈실미도〉(강우석)가 각각 1,100만 명, 2006년에는 〈왕의 남자〉(이준익)가 1,230만 명, 〈괴물〉(봉준호)이 1,300만 명의 관객을 동원, 천만 명 관객 시대를 열었고, 한국 영화의 시장점유율은 63.8%까지 치솟았다.

또한 1998년을 기점으로 해외로 뻗기 시작한 한국영화는 칸, 베를린, 베니스 등 크고 작은 영화제에서 좋은 평가를 받으면서 수상 행렬을 이어갔다.

2000년 칸영화제에는 임권택 감독의 〈춘향뎐〉이 역사상 처음으로 경쟁부문에 진출했고, 감독주간에 〈박하사탕〉(이창동), 비평가주간에 〈해피앤드〉(정지우)가, 그리고 '주목할 만한 시선' 부문에 〈오, 수정〉(홍상수)이 초청받으면서 영화계를 열광시켰다.

이를 기점으로 2002년에는 〈취화선〉(임권택)이 칸영화제에서 감독상을, 〈오아시스〉(이창동)가 베니스영화제에서 감독상과 신인연기상(문소리)을, 〈마리이야기〉(이성강)가 안시 애니메이션영화제에서 대상을 받았다. 이처럼 1999년과 2000년은 한국영화의 양적·질적인 성장을 이끈 원년이라고 할 수 있다.

1999년은 영화법과 제도가 큰 폭으로 바뀐 해였다. 영화진흥공사가 영화진흥위원회로 개편되었고, 1999~2003 사이에 영화진흥기금이 1,500억원 정부예산으로 조성되었다. 영화심의제도 또한 공연윤리위원회(1976.5~1997.10), 한국공연예술진흥협의회(1997.10~1999.6)를 거쳐 1999년 6월 영상물등급위원회로 바뀌면서 영화검열이 사실상 폐지되었다. 영화심의 완화, 소재 제한 철폐는 〈쉬리〉, 〈JSA〉, 〈실미도〉와 같이 '금기'시 되었던 영화제작을 가능케 했다. 결국 천만 관객시대를 열게 한 것이다.

한국영화의 르네상스시대를 열었던 같은 시기에 부산국제영화제도 한국영화의 성장을 직·간접으로 이끌면서 '동반성장' 했다. 특히

▶ 체코 카를로비 바리영화제에서 〈박하사탕〉으로 감독상을 수상한 이창동 감독. 왼쪽부터 저자, 이창동 감독, 암바스키아로스타미 이란 감독, 유길촌 영화진흥위원장.–위 / 〈박하사탕〉 거리의 배너와 이창동 감독.–아래

'문화 불모지'인 부산에 영상산업을 점화시키는 중요한 역할을 했다.

첫째, 부산영화제 산하에 '시네마테크부산'를 건립, 운영하기 시작했다.

우리나라에서 최초로 문을 연 시네마테크다. 1997년에 착공, 1999년 8월 24일에 개관한 이 건물에는 160석의 영사실과 DVD를 포함한 각종 자료와 기자재 등을 갖추고 학생과 시민을 대상으로 교육, 영사 활동을 전개함으로써 부산의 영화운동 '산실'의 역할을 했었다. 지금은 새로 조성한 '영화의전당'으로 이전했다.

둘째, 부산영상위원회의 설립을 주도했다.

영상위원회, 즉 필름 커미션(Film Commission)은 영화 촬영을 유치하고 지원하는 기관이다. 1999년에 접어들면서 부산영화제의 김지석 프로그래머는 부산예술대학 박종호 교수와 함께 부산영상위원회의 설립을 부산시에 건의했고, 그해 문정수 부산시장은 이용관 프로그래머, 오석근 사무국장의 안내로 김종해 시 문화예술과장과 함께 미국의 LA를 방문했다.

LA시장을 면담했고, 필름커미션의 활동 상황을 시찰했다. 귀국한 후 문정수 시장은 그해 10월에 개최된 영화제에서 부산영상위원회의 설립을 발표했다.

그리고 12월 20일 정식 출범했다.

2000년에 접어들면서 영상위원회는 본격적으로 그 활동을 전개하기 시작했고, 부산을 '영화 촬영의 도시'로 바꾸어 놓았다. 영화 〈리베라매〉(양윤호 감독)가 부산영상위원회의 첫 지원을 받았고, 시청 앞 광장은 이 영화를 '크랭크 인'하는 행사장으로 꾸며졌다. 소방관과 소방차는 물론 소방헬기까지 무상으로 제공되었다. 요트경기장 정문이 헐리고 그 자리에 주유소 세트장이 들어서면서 지나가던 차들이 진짜 주유소로 착각하고 들어오는 해프닝도 벌어졌다.

당시 제작비가 30억원이었던 이 영화는 영상위원회로부터 10억원에 해당하는 지원을 받았다고 했다.

이 사실이 알려지면서 서울의 촬영팀들이 부산으로 몰려오기 시작했고 부산은 '촬영하기 좋은 도시'가 됐다. 매년 제작되는 한국영화의 20~40%가 부산에서 촬영되기 시작했다.

그 이후 '영상위원회'의 설립은 전주, 부천, 서울 등 각 시도로 파급되었고, 일본도 고베를 비롯한 주요 도시마다 생겨났으며 대만, 베트남 등 동남아시아 여러 나라에서도 유행처럼 번졌다. 부산영상위원회는 새로 탄생하는 필름커미션들과 연계하여 '아시아필름커미션네트워크'를 창설, 그 의장을 맡기도 했다.

1999년에 개최된 제4회 부산국제영화제는 급성장하는 한국영화가 그대로 투영되었다. 이창동 감독의 〈박하사탕〉이 한국영화로는 처음으로 개막 영화로 선정되었다. 개막 영화였던 〈박하사탕〉은 칸 영화제 감독주간에 초청되었고, 그 이후 많은 영화제로부터 초청받았고, 수상도 했다. 판매금지 판정을 받은 장정일의 소설 『내게 거짓말을 해봐』를 영화화한 장선우 감독의 〈거짓말〉이 무삭제로 상영되었고, 이명세 감독의 〈인정사정 볼 것 없다〉, 이정향 감독의 〈미술관 옆 동물원〉 등이 초대되었으며, 유현목 감독의 회고전이 열렸다.

▶ 제4회 영화제 심사위원장 크리스틴 하킴(오른쪽)과 저자, 그 옆은 김지석 프로그래머.(고인)

　인도네시아의 국민 여배우 크리스틴 하킴이 심사위원장으로, 중국의 지아 장커 감독, 일본 여배우 모모이 카오리, 로테르담영화제 집행위원장 사이먼 필드와 배용균 감독이 심사위원으로 참여했다. 크리스틴 하킴은 관객들의 인기를 몰고 다녔고, 돌솥비빔밥을 좋아하는 그녀에게 귀국한 후 나는 돌솥 2개를 사서 보냈다. 임권택 감독의 〈취화선〉이 경쟁부문에 진출했던 2004년 크리스틴 하킴은 칸영화제 심사위원을 맡아 임 감독이 감독상을 받은 데 일조했다. 폐막작은 장예모 감독의 〈책상 서랍 속의 동화〉였다.

　장예모 감독과 유현목 감독, 원로배우 황정순 여사가 남포동에 핸드프린팅 을 남겼다.

　제2회를 맞은 PPP에는 배창호 감독의 〈나의 사랑, 아프리카〉, 김기덕 감독의 〈수취인 불명〉, 프룻 첸 감독의 〈리틀 청〉, 자파르 파나

▶ 왕가위 감독과 저자, 양조위 배우.

히 감독의 〈순환〉, 인도네시아 가린 누그로호 감독의 〈시〉, 왕 샤오
슈아이(王小帥) 감독의 〈북경자전거〉 등 아시아 중량급 감독들의 프
로젝트가 선보임으로써 아시아 감독들의 PPP에 대한 기대와 열망이
얼마나 큰가를 입증시켜 주었다.

　특히 이들 프로젝트가 영화로 완성된 후 다음 해인 2000년 '서클'
은 베니스영화제에서 대상인 황금사자상을, 〈작은 청〉과 〈시〉는 로
카르노영화제에서 은표범상을, 〈북경자전거〉는 베를린영화제에서
은곰상을 수상함으로써 PPP의 위상은 불과 2~3년 만에 최고조에 달
했다.

요트경기장의 우중 상영(雨中 上映)

　'새천년-밀레니엄'의 해인 2000년에 개최된 제5회 영화제에서는

인도의 부다뎁 다수굽타 감독의 〈레슬러〉가 개막작으로, 중국 왕가웨이 감독의 〈화양연화〉가 폐막작으로 상영되었다.

〈화양연화〉에서 열연한 장만옥과 양조위가 왕가웨이 감독과 함께 부산을 찾아 열광적인 환대를 받았다. 뉴 저먼 시네마 운동의 주역인 독일의 빔 벤더스 감독은 '스타 중의 최고 스타'였다. 개인적인 사정으로 초청을 정중히 거절했던 빔 벤더스 감독은 '삼고초려' 이메일을 받고 그가 연출한 〈밀리언 달러 호텔〉과 함께 부산을 찾았다. 세 번째 보낸 이메일에는 "그가 23년 전 한국의 독일문화원에서 행한 강의를 들었던 한국의 젊은이들이 그와의 재회를 기다리고 있다"라는 내용이었다.

기자회견은 단 30분, 단독인터뷰는 사절한다는 까다로운 조건을 내걸었던 그였지만 〈밀리언 달러 호텔〉의 상영이 끝난 뒤 가진 관객과의 대화는 1시간 30분이 지나도 끝날 줄을 몰랐다. 그 후 서울과 베를린에서, 또는 산 세바스판에서 그를 만날 때마다 그는 부산이야기를 화제로 삼았다.

'살롬 사네마-마흐말바프 가의 영화들'이란 주제의 특별전에 참가한 이란의 마흐말바프 가족들도 인기를 끌었다. 아버지 모흐센 마흐말바프는 이란을 대표하는 세계적인 거장 감독이며, 큰딸 사미라 마흐말바프는 〈사과〉로 칸영화제의 '주목할 만한 시선' 부문에 상영되었다. 2000년에는 〈칠판〉으로 칸영화제 심사위원 대상을, 2003년에는 〈오후의 5시〉로 심사위원특별상을 받은 세계적인 감독이다.

그리고 부인 마르지예 메쉬키니는 〈내가 여자가 된 날〉로 2021년 부산영화제에서 첫선을 보인 다음 '뉴커란츠상'을 받았고, 아들 메이

▶ 제2회 부산국제영화제때 광복동 PIPA거리에서 핸드프린팅중인 배우들.

샴은 다큐멘터리 〈사미라는 칠판을 어떻게 만들었는가〉를, 막내딸 하나 마흐말바프는 〈이모가 아팠던 날〉을 만들어 부산에 갖고 왔다. 만날 때마다 "엉클"로 부르면서 따르던 당시 열 살의 하나는 이제 만나면 부끄러워하는 성숙한 여인으로 성장했다.

5회 영화제에서 가장 감동적이었던 드라마는 10월 8일, 일요일에 연출되었다. 영화제 개막 3일째인 이날 아침부터 비가 내렸고, 오후에는 폭우가 쏟아졌다. 오후 7시 요트경기장 야외상영관에서는 칸 영화제에서 황금종려상을 수상한 라스 폰 트리에 감독의 〈어둠 속의 천사〉가 비속에 상영되었다. 상영을 취소할까도 생각했지만 우리는 강행했다. 3,500명의 관객 중 환불을 받고 돌아간 관객은 불과 100명, 나머지 3,400명은 우의(雨衣)를 입은 채, 끝까지 영화를 보았다.

▶ 모흐센 마흐말바프 감독, 강수연과 저자. 위 / 모흐센 마흐말바프 가족. 왼쪽부터 부인 마크지에 메쉬키니, 아들 메이삼, 저자, 막내 딸 하나 마흐말바프.–아래

부산영화제의 역사와 함께 두고두고 회자되는 감동적인 장면이었다.

1999.10.14.~10.23.기간 중 개최된 제4회 영화제에는 53개국 207편의 영화가 상영되었다. 18만 명의 관객이 관람했고, 일본 오쿠하라 히로시 감독의 〈영원한 멜로디〉가 뉴커런츠상을 수상했다.

2000.10.6.~10.14.시간 동안 개최된 제5회 영화제에는 55개국 207편의 영화가 상영되었고, 18만 1천 명의 관객이 관람했다. 마르지예 메쉬키니 감독의 〈내가 여자가 된 날〉이 뉴커런츠상을 탔다.

13.
영화제 정상회의

| 세계 10대 영화제 반열에, 3대 영화제 수장 부산으로

2001년을 전후해서 칸과 베를린, 그리고 베니스영화제 집행위원장이 모두 교체되었다. 칸은 티에리 프리모가, 베를린은 디터 코슬릭이, 베니스는 모릿츠 데 하델른이 새 수장(首長)이 되었다.

2001년 1월, 23년간 장기 집권하던 질 자콥 칸영화제 집행위원장은 회장으로 옮겨 앉았고 뤼미에르영화박물관장인 티에리 프리모가 후임 집행위원장이 되었다. 비록 일선에서 물러났지만 질 자콥은 여전히 뒤에서 막강한 영향력을 행사하고 있었고, 티에리 프리모가 뤼미에르 관장을 겸하고 있다.

베를린영화제도 2000년 2월 50주년 행사가 끝난 직후, 22년간 장기 집권을 하던 모리츠 데 하델른은 해임되었고, 후임에 독일 최대의 지방영화진흥기구(Filmstiftung NRW) 책임자인 디터 코슬릭이 부

▶ 질 자콥 칸영화제 집행위원장과 저자.

임했다.

베니스영화제에도 격랑이 몰아쳤다. 2001년 총선에서 극우파인 실비오 베를루스코니가 새로 총리에 부임하면서 베니스비엔날레 회장과 영화아카이브 원장, 국영방송사 사장 등 문화계 수장들이 전격 교체됐다. 토리노영화제 집행위원장으로 있다가 베니스로 옮겼던 알베르토 바르베라 집행위원장도 임기 중에 물러났다. 2001년 이탈리아 정부는 그 자리에 베를린에서 물러난 모리츠 데 하델른을 새 집행위원장으로 위촉했다.

21세기를 맞아 20년 이상 장기 집권하던 칸과 베니스, 그리고 베니스영화제 집행위원장까지 교체되면서 세계영화계는 새로운 변화를 예고했다.

나는 새로 부임한 3대 영화제 집행위원장들을 모두 부산에 초청하고 싶었다. 칸·베를린·베니스영화제 집행위원장들이 자기들 영화제에서 서로 만나는 경우는 자주 있지만, 다른 영화제에서 함께 만나는 일은 거의 없었다. 부산영화제의 위상도 높이고, 이들과 친교를 맺는 일이 필요하다고 판단했기 때문이었다.

칸영화제부터 공략했다.

매년 1월 말에 열리는 로테르담영화제와 2월 10일 전후해서 개최되는 베를린영화제 사이에는 3~5일의 간격이 있다. 나는 이 기간에 파리에 들러 칸영화제 집행위원장과 영화 선정 책임자들을 만나 제작 중인 한국영화에 관한 정보를 교환했고, 칸영화제에서 선정할 만한 영화들을 추천했다. 1998년 이후 일관된 나의 행보였다. 이를테면 한국영화의 로비스트 역할을 해온 셈이다.

2001년 2월 3일 칸영화제 사무실을 찾아 질 자콥 회장, 영화 선정 책임자인 크리스천 존, 질 자콥의 친구이며, 영화평론가인 피에르 리시앙이 함께한 자리에서 새로 부임한 티에리 프리모와 인사했다. 티에리에게 심사위원장 자격으로 부산을 방문해 주기를 요청했지만 티에리 프리모는 "부산영화제에 관해서 많은 얘기를 들었다"고 하면서 "내년에나 고려해보겠다"라고 했다.

그는 또 몇몇 영화제로부터 심사위원 초대가 있었지만 거절했다고 부연했다.

그해 5월 칸영화제에서 만나 또 요청했더니 6월까지 답변을 주겠다고 약속했다. 때마침 6월 초에 프랑스 시네마테크 주최로 '임권택 감독 회고전'이 파리에서 열렸다. 나는 파리로 달려갔고 회고전 개막 행사가 열리고 리셉션이 끝난 후 프랑스 주재 장재룡 한국대사, 손우현 문화원장, 임권택 감독, 유길촌 영화진흥위원회 위원장과 인근 카페에서 '칼바도스' 두 병을 비운 후 호텔에 돌아왔다. 임권택 감독과 유길촌 위원장, 그리고 나는 호텔 방에서 밤늦도록 술을 마셨다.

다음 날 아침 임권택 감독, 티에리 프리모와 피엘 리시앙이 조찬을 함께 한 자리에서 그는 부산국제영화제에 참석하겠다고 확답했다. 취임 후 해외영화제 첫 방문지로 부산을 선택한 것이다. 삼고초려(三顧草廬) 끝에 목표를 달성했다.

베를린영화제는 또 다른 경로를 밟았다.

2000년 2월 50주년 행사가 끝난 직후 집행위원장으로 부임한 디이터 코슬릭은 2001년의 영화제를 전임 위원장의 '퇴임 기념영화제'로 만들었고, 본인은 공식 석상에 나타나지 않았기 때문에 좀처럼 만날 수가 없었다. 할 수 없이 프로그래머인 도로시 베너에게 디이터 코슬릭이 부산을 방문하도록 설득해 달라고 부탁했다. 결국 그녀의 역할이 주효해서 그는 부임한 첫해에 부산을 찾게 되었다.

이렇게 해서 2001년 제6회 영화제에 칸과 베를린 두 영화제의 집행위원장이 함께 부산을 방문할 수 있었고, 부산영화제의 위상은 높아질 수밖에 없었다.

다음 목표는 베니스. 2001년 베를린에서의 화려한 퇴임 행사를 마친 모리츠 데 하델른은 비어 있는 베니스영화제 집행위원장으로 자리를 옮겼다. 그해 9월 베니스영화제에서 만난 그에게 부산 방문을

▶ 파리에서 개최된 임권택 감독 회고전이 열린 극장 앞에서 왼쪽부터 저자, 유길촌 영진위 위원장, 시네마테크 프로그래머, 임권택 감독.

요청했고, 2002년 5월 칸에서 다시 만났을 때 재차 부탁했다. 그는 "생존하면, 참석하겠다"라고 다짐했다. 베니스영화제와 1년 계약을 한 상태였기에 농반진반(弄半眞半)으로 계약이 끝난 2002년의 베니스영화제도 맡게 된다면 부산에 오겠다는 뜻이었다.

이런 과정을 거쳐, 2002년에 열린 제7회 부산국제영화제 때는 칸과 베를린의 집행위원장이 다시 오고, 베니스 집행위원장이 합류함으로써 감동적인 장면이 연출되었다. 변방의 신생 영화제에 세계 3대 영화제 수장들이 모두 참석한, 흔치 않은 일은 외신을 타고 전 세계영화계로 퍼졌고, 영화제 관계자들의 부러움을 샀다.

▶ 부산국제영화제에 참석한 디이터 코슬릭 베를린영화제 집행위원장.(왼쪽 첫 번째)과 티에리 프리모 칸영화제 집행위원장.(두 번째)

2001년 6회 영화제가 끝나자마자 나는 유럽연합(EU) 산하 유럽 영화아카데미로부터 공문을 받았다. 그해 12월 1일 베를린에서 '영화제의 미래역할'이란 주제로 열리는 '영화제 정상회의'(Summit Meeting of the Film Festival Directors) 초청장이었다.

참석자는 나를 포함해서 칸의 티에리 프리모, 베를린의 디이터 코슬릭, 베니스의 알베르토 바르베라, 토론토의 피어스 핸드링, 선댄스의 제프리 길모어, 카를로비 바리의 에바 자하로바, 산세바스티안의 미켈 올라치레기 등 '주목받는 영화제' 집행위원장 8명이었다.

칸영화제의 티에리 프리모는 다른 일정으로 참석 못함에 따라 그 자리에 로테르담의 산드라 덴 하머 공동집행위원장이 초청받았다. 모두 잘 아는 사이였지만 역사와 권위를 자랑하는 영화제 위원장들

▶ 2001년 독일 베를린 축제극장에서 열린 '영화제 정상회의'에 참석하여 세계영화계를 좌우하는 유명 영화제 집행위원장들과 나란히 포즈를 취했다.

과 어깨를 나란히 하게 되었다는 점에서 나는 흥분을 가누지 못했다.

세계 각국에서 초청된 6백여 명의 영화인과 기자들이 베를린의 축제극장(Haus der Berliner Festspiele)을 가득 메운 가운데 유럽영화아카데미 부회장(회장은 빔 벤더스 감독)인 디이터 코슬릭의 사회로 회의가 열렸다.

각 영화제의 소개필름 상영, 집행위원장 소개, 해당 집행위원장의 주제발표(10분)가 있었고, 발표가 끝난 후에는 단상에 마련한 의자(디렉터스 체어)에 모두 앉아 모더레이터인 국제비평가연맹 말콤 데렉 회장과 관객들의 질문에 답변하는 순서로 진행되었다.

다음 해인 2002년 5월 칸영화제 기간 중 영화잡지 '버라이어티'가 주최한 포럼에도 나를 포함한 9명의 영화제 집행위원장들이 참석, 기자들과 질의응답을 가졌다.

이처럼 10명 미만의 전 세계영화제 집행위원장들을 초청하는 국제회의에 아시아, 아프리카, 중남미 국가 중 유일하게 '부산'이 초청받고 있다는 사실은 나 자신은 물론 한국영화계에도 고무적인 일이었다. 창설된 지 불과 6년 만에 일어난 일이다.

2001년(6회)과 2002년(7회)에는 특기할만한 일이 많았다. 무엇보다도 영화제가 두 해 모두 11월에 열렸다.

개막식 행사는 광케이블을 통해 외부 모니터로 동시중계 했고, 칸영화제처럼 블랙타이 착용을 요청하는 '드레스 코드'를 처음 적용, 화제를 모으기도 했다.

극장을 빌려 영화제를 운영해야 하는 우리는 영화제를 '추석 대목'을 피해서, 추석 직전에 끝내거나 추석 3주 후 목요일부터 시작해야만 했다. 따라서 10월 1일이 추석이었던 2001년에는 11월 초순에(11.9.~11.17.), 9월 26일이 추석이었던 2002년에는 부산에서 개최되었던 아시아경기대회와 세계합창올림픽 행사에 밀려 11월 중순(11.14.~11.23.)에 개최할 수밖에 없었고 추위로 인해 부산국제영화제의 명물인 야외 상영이 취소되었다.

이에 따라 6회 영화제는 부산전시컨벤션센터에서, 7회 영화제는 1,700석의 부산시민회관에서 열었다. 행사 규모와 게스트 숫자에 비해 1,700석으로는 행사를 치를 수 없어 개막식 행사는 광케이블을 통해 외부 모니터로 동시중계 했고, 칸영화제처럼 블랙타이 착용을 요청하는 '드레스 코드'를 처음 적용, 화제를 모으기도 했다.

둘째, 해운대 스펀지백화점에 조성한 메가박스 10개 스크린이 개막식 직전에 완공, 영화제 전용관으로 사용함으로써 부산영화제의 '해운대 시대'를 열었다.

셋째, 개인적으로 뉴커런츠 심사위원들과 특별한 인연은 맺게 되었다.

제6회 심사위원은 한국을 처음 방문한 대만의 세계적 거장 감독 허우 사우시엔을 위원장으로, 논지 니미부트르(태국 감독), 피터 반 뷰렌(네덜란드 언론인), 폴 클락(뉴질랜드 교수)과 윤정희로 구성되었다. 영화제 심의가 끝난 11월 15일, 심사위원들과 칸의 티에리 프리모, 로테르담의 사이먼 필드 집행위원장은 파라다이스호텔 지하 카페에서 밤새도록 술을 마시면서 우정을 다졌다.

다음 해 1월 말 허우 사우시엔은 로테르담영화제 심사위원으로 초청받았고 이곳에서 다시 모인 우리는 '페스티벌 카페'에서 매일 밤늦게까지 술을 나눴다. 그러던 어느 날 사이먼 필드, 허우 사우시엔, 피터 반 뷰렌과 나는 로테르담영화제의 상징인 '호랑이'와 내 이름의 '虎(호랑이)' 자를 따 '타이거클럽'을 결성했다. 부산의 술자리에 함께 있었던 티에리 프리모와 논지 니미부트르가 즉시 멤버로 가입했다.

클레어 드니 프랑스 여자 감독과 홍상수 감독, 에드와르도 안틴 부에노스아이레스 독립영화제 집행위원장은 제7회 영화제의 심사위원을 맡았다. 술을 좋아하는 이들도 매일 밤 포장마차에서 술을 나눴다. 결국 '부산'에 반한 클레어 드니 감독은 2년 후 그녀의 영화 〈침입자(Intruder)〉의 상당한 부분을 부산에서 촬영했다.

나는 이 영화에 출연해 달라는 공문을 받고 '단역'으로 출연했다. 이재용 감독의 〈정사〉, 장률 감독의 〈이리〉, 임권택 감독의 〈달빛 길어 올리기〉에 출연했던 나는 외국영화에 배우로 출연한 첫 사례를 남겼다.

이처럼 새 천 년, 밀레니엄을 맞으면서 부산국제영화제의 위상은 높아만 갔다.

14.
부산국제영화제
10주년

| 아시아영화아카데미 등 창설

2005년은 부산영화제 10주년이 되는 해였다.

2005년이 '새로운 10년'을 여는 첫해가 되도록 중지를 모았고 백방으로 뛰었다. 우선 10주년 사업비로 국비 5억원과 시비 5억원을 확보했다. 새로 네이버(주식회사NHN) 3억원, 롯데엔터테인먼트와 SK텔레콤에서 각 2억원의 협찬을 얻어 가용예산은 전년도보다 21억원이 증가한 61억 3천만원이 되었다.

먼저 10주년을 기념하는 몇 가지 사업을 추진했다.

초청작품과 초대 인사를 늘렸다. 지난 10년 중 최대 규모인 73개국 307편(전년도 66개국 263편)의 영화가 상영되었고, 허우 사우시엔 감독의 〈쓰리 타임즈〉가 개막 영화로, 황병국 감독의 〈나의 결혼원정기〉가 폐막 영화로 상영되었다.

▶ 래드카펫에 등장할 초청 배우를 기다리고 있는 저자. (ⓒ 부산국제영화제)

허우 사우시엔, 압바스 키아로스타미(심사위원장, 이란), 피터 그린어웨이(영국), 스즈키 세이준(일본), 크지쉬토프 자누쉬(폴란드) 등 세계적인 거장 감독이 부산을 찾았고, 성룡(홍콩), 오다기리 죠(일본), 첸상치(대만), 양구이메이(대만) 등 배우들이 레드카펫을 밟았다.

부산영화제 10년의 역사를 연도별로 기록한 책자와 화보 두 권을 출판했다. 해운대 해변에 '컨테이너 박스'로 임시 전시장을 만들고, 10주년 사진전과 함께, 국제공모에 응모한 부산영상센터의 '모형전시'도 함께 했다. 컨테이너 박스는 다음 해부터 '피프 센터'로 조성되면서 항구도시 부산을 상징하는 또 하나의 '영화제 명물'로 자리 잡았다.

영화제 개막 다음 날 오전 11시, 센텀시티에서는 부산영상센터의 기공을 알리는 '기념식'과 함께 설계 공모에 응모한 세계적인 건축가 7명의 영상 보고가 있었다. 나는 후일 예산확보를 위해 기념식에 문화관광체육부 장관, 국회 문화관광체육위원회 위원 전원이 참가할 수 있도록 주선했다.

제10회 영화제의 포스터는 특별히 이만익 화백이 디자인했다. 나는 포스터의 디자인을 허황(4회), 이성자(4회), 이화자(5회) 등 부산의 작가와 함께 남천 송수남(6회), 유산 민경갑(7, 8회), 일랑 이종상(9회) 등 화백에게 부탁함으로써 격조를 높였다.

10년간의 성원에 감사하는 뜻을 담아. 영화제 기간 중 관객 카페, 시네마틱 러브, 오픈 콘서트, 감독 배우와 함께 영화 보는 '시네마 투게더', '롯데와 함께하는 폐막 파티'등을 개최했다.

무엇보다도 향후 10년, 부산영화제의 '새로운 도약'을 담보하는 세 개의 사업에 착수했다.

첫째, 아시아영화아카데미(AFA)를 창설했다.

우리나라에 영화교육기관은 과도할 정도로 많다. 그러나 아시아 각국에는 영화지망생은 많지만, 영화전문교육기관은 매우 적은 편이다. 영화 강국인 일본이나 연간 1천 편 이상의 영화를 만들고 있는 영화대국인 인도조차도 영화 전문 교육기관은 많지 않다는 점에 착안했다.

베를린영화제는 2003년부터 '탤런트 캠퍼스'를, 선댄스영화제는 오래전부터 '영화교육프로그램'을 운영해 왔다. 나는 2005년 1월에는 처음으로 선댄스영화제를 찾았고, 2월에는 베를린에 갔다. 동행한 신정화 팀장을 선댄스의 '프로듀서 랩'과 베를린의 '탤런트 캠퍼스'에 참가시켰다.

2005년부터 인도 '오세안 시네판' 영화제(7월)와 아르헨티나의 부에노스아이레스 독립영화제(4월)에서는 베를린영화제와 공동으로 '탤런트 캠퍼스'를 운영하기 시작했다. 베를린과 뉴델리에서 관계자를 만났을 때 '탤런트 인 부산'을 제의받았지만 거절했다. 베를린과 선댄스를 벤치마킹하되 우리 실정에 맞고 교육효과를 극대화하는 방법으로 '재창출'할 생각이었다. 이렇게 해서 만든 것이 바로 아시아영화아카데미이다.

탤런트 캠퍼스가 대체로 5일간 5백 명의 영화인을 대상으로 워크숍을 한다면 부산은 24명의 영화지망생을 대상으로 3주간 무료로 집중적으로 교육한다는 점에 큰 차이가 있다. 아시아영화아카데미는 동서대학교와 한국영화아카데미가 공동 주관했고, 그후 한국영화아카데미가 동참을 중단함에 따라 부산영상위원회를 참여시켰다.

대만의 허우 사우시엔, 한국의 임권택, 이란의 모흐센 마프말바프, 일본의 구로사와 기요시, 이란의 압바스 키아로스타미 등 세계적인 거장 감독들을 역대 교장으로 모셨다. 논지 니미부트르(태국), 펜액 라타나루앙(태국), 브리얀테 멘도사(필리핀), 유릭 와이(중국), 아서 윙(홍콩), 마흐무드 칼라리(이란) 그리고 배창호, 박기용, 문승욱, 김형구, 박기웅 등이 아카데미의 교수로 참여했고, 매기마다 8~10명의 강사를 초빙하여 24명을 교육시켰다.

▶ 제3회 아시아영화아카데미에 참석한 역대 교장. 앉아 있는 왼쪽부터 저자, 허우 사우시엔, 임권택,
모흐센 마흐말바프-위 / 기공식. 오른쪽 저자. 옆 김장실 문광부 차관.(2008년 10월 8일)-아래

내가 퇴임했던 2010년까지 6회에 걸쳐 147명의 졸업생을 배출했고, 이들 중 상당수가 감독으로 데뷔, 부산영화제에 참가했을 뿐 아니라 칸과 베를린영화제에도 초청받기 시작했다. 지금은 세계적인 반열에 오른 감독들이 적지 않다.

둘째, 2006년부터 아시아필름마켓(AFM)을 창설, 운영하기 시작했다.

필름마켓이란 영화를 '사고파는' 시장인데 이를 석권하려는 각국 또는 영화제 간의 각축전은 매우 치열하다. 오래전부터 세계시장은 2월에 개최하던 미국영화시장(AFM)과 11월의 밀라노영화시장(MIFED)이 양대 산맥을 형성하고 있었고 이 대열에 5월에 열리는 칸 마켓이 뒤따르고 있었다. 그런데 2004년, 미국영화시장이 11월로 옮기면서 밀라노영화시장은 10월로 당겼다가 다음 해 폐쇄되면서 영화시장은 미국과 칸이 독점하게 되었다. 그렇게 되자 50주년을 계기로 개최장소를 신도시로 옮긴 베를린영화제가 종전의 마켓을 유럽필름마켓(EFM)으로 확대하면서 경쟁대열에 가담했고, 토론토영화제가 가세했다. 한편 아시아권에서는 부산보다 10년 먼저 출범했던 도쿄영화제와 20년 먼저 탄생한 홍콩영화제가 부산영화제에 밀리면서, 두 영화제는 영화시장에 승부수를 던졌다.

홍콩 무역발전국은 1997년부터 창설, 운영하던 필름마켓을 6월에서 3월로 옮겨 홍콩영화제와 통합함으로서 그 효과를 극대화했고, 도쿄영화제는 경제산업성이 주도하여 2004년을 전후하여 명칭은 다르지만, 음악, 만화, 영화, 게임, 방송, 엔터테인먼트를 통합한 '종합

마켓'을 창설했다.

또한 형태와 규모는 다르지만, 영화제마다 공동제작을 위한 '프로젝트 마켓'을 운영하기 시작했다.

이처럼 급박하게 돌아가는 주변 상황 속에서 우리만 수수방관(袖手傍觀)할 수는 없었다. 1998년에 창설, 성공 가도를 달리고 있는 PPP와 부산영상위원회의 영화촬영(로케이션) 마켓인 BIFFCOM을 통합, 운영하고, 기획과 촬영, 그리고 완성된 영화까지 한곳에서 사고파는 '종합 마켓'이 형성된다면 우리에게도 전망은 밝다고 판단했다. 이런 배경에서 아시아필름마켓이 탄생한 것이다.

셋째, 아시아영화펀드(ACF)를 만들었다.

2003년과 2004년 영산대학교와 제휴 다큐멘터리 영화제작을 지원하는 '영산펀드'를 만들어 영화제작을 지원하기 시작했고, 2005년부터는 영화과가 설치된 부산의 5개 대학(경성대, 부산외대, 동의대, 부경대, 부산대)과 유니코리아, 부산은행, 팬스타, 재외동포재단으로 확대, AND펀드를 설립하였다.

그리고 2007년에는 기존의 다큐멘터리 지원 펀드 외에 새로 시나리오 개발(인큐베이팅)과 후반 작업지원 펀드를 통합, '아시아영화펀드'(ACF)를 출범시켰다.

2003~2011 기간 중 한국을 포함 아시아 다큐멘터리 82편에 사전제작 지원이 이루어졌고, 지원받아 완성된 다큐멘터리 중 〈택시 블루스〉(2005, 최하동하)와 〈소리아이〉2006, 백연아)는 뉴욕 시라큐

▶ 아시아영화펀드(ACF)가 지원해서 만든 영화 〈똥파리〉는 로테르담영화제에서 '타이거위드 상'을 수상했다. 왼쪽 두 번째가 양익준 감독.

스영화제에서 최우수 아시아영화상을, 〈야스쿠니신사〉(2006, 중국 리잉)는 야마카타 다큐멘터리영화제와 홍콩영화제에서 대상을, 〈멘탈〉(2008, 일본 소다기즈히로)은 부산영화제와 두바이, 홍콩영화제에서 대상을 받았다.

2007년부터 지원한 인큐베이팅펀드는 2010년까지 4년간 30편의 시나리오 개발을 지원했고, 지원받아 만든 필리핀 브리얀테 멘도자 감독의 〈세르비스〉는 칸영화제에서 감독상을 받았다.

특히 한국영화 9편을 포함, 22편의 후반작업을 지원받은 영화는 완성 후 부산에서 처음 상영된 다음 전 세계영화제를 순방하면서 많은 상을 수상했다.

그 대표적인 사례가 2007년에 지원받은 〈원더풀 타운〉과 〈똥파리〉이다.

태국 아딧야 아사랏 감독의 〈원더풀 타운〉은 부산에서 '뉴커런츠' 상을 수상한 후 로테르담의 '타이거상'을 포함 20여 개 상을 받았고, 양익준 감독의 〈똥파리〉는 로테르담영화제에서 '타이거상'을 수상한 것을 시작으로, 라스팔마스영화제에서는 남·여 주연상을, 도빌아시아영화제에서 대상과 심사위원상을, 그리고 도쿄필름엑스와 아시아태평양영화상에서 대상을 받는 등 40여 개 영화제에서 30여 개의 상을 휩쓸었다.

2011년 발행한 일본의 대표적인 영화잡지 「키네마 준보」가 선정한 최우수 외국영화상과 독자들이 뽑은 최우수 외국영화상을 동시에 수상했다. 「키네마 준보」의 역사상 한국영화가 수상한 것은 처음

이었다. 2009년 양익준 감독과 배우 김꽃비와 함께 로테르담, 라스팔마스, 도빌영화제를 순방하면서 그의 수상을 지켜봤던 나는 무한한 감동과 긍지를 갖게 되었다.

10주년을 전후하여 의욕적으로 출범시킨 아시아영화아카데미, 아시아필름마켓, 아시아영화펀드는 1998년에 창설한 PPP와 함께 부산국제영화제가 아시아를 넘어 '세계로 도약'하는 확고한 기틀을 마련해준 획기적인 프로젝트였다.

▶ 아시아영화펀드(ACF)의 지원을 받아 제작한 태국의 아딧야 아사랏 감독의 〈원더풀 타운〉의 포스터.

15.
영화의전당 건립

| 부산영화제는 '게릴라'영화제, 새 시대 이끌 부산영상센터

영화제 전용관 건립은 오랜 숙원사업이었고 최대 과제였다.
나는 영화제 창설 못지않게 전용관 확보에 심혈을 쏟았다.

부산영화제는 세계 유일의 '음력영화제'였다. 추석에 따라서 영화
제의 개최 기간이 정해져 왔기 때문이다. 추석 영화가 개봉되기 전날
에 영화제를 끝내거나, 추석 연휴가 시작된 3주 후에 영화제를 시작
해야만 했다. 영화제작자, 배급업자, 극장주 입장에서 추석은 설과
함께 연중 최대의 '대목'이기에 이 기간에 극장을 빌릴 수 없었다.

사정이 이렇다 보니 부산영화제는 마치 '게릴라영화제' 같았다. 시
도 때도 없이 다른 영화제의 개최 기간을 침범하기 일쑤였다. 제1회
영화제, 극장과 협의 끝에 가까스로 추석 대목이 시작되기 직전에 영
화제가 끝나도록 9월 13일에서 21일까지로 잡았다. 그런데 이 기간

▶ 칸영화제가 열리는 뤼미에르 극장.

이 후쿠오카영화제와 정확하게 겹쳤다. '절친'인 사토 타다오 집행위
원장은 격분했고, 나는 영화제가 끝난 후 하와이영화제에서 만나, 사
과 후 양해를 구했다.

　영화제 기간을 9~10월로 옮기면서 이번에는 밴쿠버영화제나 산
세바스티안 또는 로마영화제와 겹치게 되었다. 나는 알랜 프레니 밴
쿠버영화제 집행위원장을 만날 때면 사과하기 바빴고, 김지석 프로
그래머는 밴쿠버에서 아시아영화선정을 맡은 토니 레인즈와 영화를
선점하기 위해 매해 신경전을 치르고 있었다. 어떤 때는 세계영화제
작자연맹의 중재로 산세바스티안과 부산에서 한 영화를 같은 시간에
상영하는 해프닝도 있었다.

　부산영화제는 전용관이 없었다.

　개·폐막식은 수영요트경기장에 마련한 야외상영관에서 개최했고,

▶ 베를린영화제가 열리는 베를리날레 팔라스트.

일반상영은 극장을 빌려야 했다. 프레스센터를 비롯한 업무공간은 일정치 않았다. 극장 주변 건물 중 빈 곳을 찾아 전전할 수밖에 없었다.

전 세계에서 열리고 있는 대부분의 영화제는 전용 극장을 갖고 매년 일정 기간에 영화제를 개최하고 있다. 칸의 '뤼미에르극장'에는 2,400석의 뤼미에르극장, 900석의 뒤비시극장을 비롯하여 10여 개의 극장이 있다. 기자회견을 비롯한 모든 영화제 업무가 이곳에서 진행된다. 베를린의 '베를리날레 팔라스트'는 3,000석의 좌석과 현대시설을 갖춘 뮤지컬 전용 극장이다. 영화제 기간에는 이 건물을 주극장으로 사용하면서 주변의 소니센터, 씨네막스, 씨네스타, 그리고 후담지역의 극장을 사용하고 있다.

로테르담영화제의 파테극장은 2층의 넓은 홀에서 7개의 극장을

▶ 산세바스찬국제영화제 전용극장.

출입할 수 있게 설계한 매우 실용적인 건물이다. 도시 한 가운데를 흐르는 우루메아강과 코차만이 마주치는 해변에 있는 산세바스티안 의 영화제 전용관인 '쿠루잘'은 너무나 환상적인 건물이다. 이런 건물들을 영화제 전용관으로 갖고 싶었다.

대선을 앞둔 2002년 11월 9일 자 부산일보는 'PIFF 전용관 세우겠다'는 한나라당 이회창, 민주당 노무현, 국민통합21 정몽준, 민노당 권영길 등 4당 대통령 후보들의 공약내용을 1면 머리기사로 게재했다. 기자들의 협력을 받아 만들어 낸 작품이었다. 민주당 후보였던 노무현 대통령도 부산의 미디어센터 건립을 약속했었다.

새 정부가 출범한 후 문화관광부를 거쳐 전용관 건립예산 100억원을 기획예산처에 요구했다. 문화관광부도 쉽지 않았지만, 기획예

▶ 스페인 빌바오의 구겐하임 미술관.

산처에서는 거들떠보지도 않았다. 2003년 9월 5일 당시 다수당이었
던 한나라당의 최병렬 대표가 부산을 찾아 영화인들을 만났다. 대학
후배였고, 내가 문화공보부 언론 주무국장이었을 때 조선일보 정치
부장이었던 최 대표와는 잘 아는 사이였다.

이 자리에서 최 대표는 국회 예결위 심의과정에서 40억원을 책정
해 주기로 약속했고, 그 내용은 부산지역 언론에 보도됐다.

3일 뒤 시·도지사 회의를 주재하기 위해 노무현 대통령이 부산
을 방문했고, 안상영 시장의 건의를 받아들여 2004년 예산에 용역
비 10억원과 설계비 30억원이 전격적으로 반영되었다. 이에 따라
2003년 예산에는 국비 230억원, 지방비 230억원 규모의 건축비가
확정되었다. 그러나 460억원 규모의 건물로는 전용관이 될 수 없고
적어도 600~700억원 규모는 되어야 할 것으로 생각했다.

나는 2002년과 2005년 프랑크 게리가 설계한 스페인 빌바오의 구겐하임미술관을 방문했었고, 2003년 12월 23일에 개관한 같은 건축가의 LA의 월트디즈니 콘서트홀도 두 번 찾았다. 그가 설계한 시카고의 야외공연장도 환상적이었다. 산세바스티안을 포함한 많은 도시의 좋은 건축물들을 보면서 시드니 오페라하우스가 호주를 상징하듯이 새로 짓는 부산영상센터는 부산을 상징하는 건물이 되어야 한다는 확신을 하게 되었다.

그리고 2003년 3월 10일 그랜드호텔에서 '신사고포럼'이 주최한 'PIFF전용관 건립 어떻게 할 것인가'란 세미나의 주제발표를 통해 외국의 사례와 필요성, 건립 방향 등에 관한 내 복안을 발표하면서 여론을 본격적으로 조성하기 시작했다.

나는 영화제 전용관은 해운대 바닷가에 조성하자고 주장했다. 제1 후보지로 파라다이스호텔 옆 옛 극동호텔과 토지공사 및 국방부가 소유한 땅을 최적의 부지로 건의했다.

극동호텔의 소유주인 삼성생명의 간부를 만났지만 이미 늦어 공매 절차가 진행 중이었다. 부산시에 매입을 건의했지만 성사되지 못했다. 이 건물이 불하되자 새 주인도 만났다. 8월 20일에는 토지공사 사장도 만났고, 문화관광부 차관을 통해 국방부와도 협의했다. 주택공사가 국방부 토지를 매입, 부산시와 공동으로 조성하는 방안을 놓고 실무회의도 했지만 무산됐다. 당시 500억원이면 모두 매입해서 부산시가 독자적으로 건립할 수 있었지만 아쉬웠다.

▶ 카를로비바리국제영화제 전용관.

제2 후보지로 요트경기장을 제의했다. 1986년 아시아경기대회를 위해 조성한 요트경기장의 건물은 초라했다. 이 건물을 헐고 영상센터와 요트경기장을 통합하여 새로운 건물을 짓자고 제의했지만, 요트인들도, 부산시도 모두 수용하지 않았다. 결국, 부산시의 의도대로 센텀시티로 결정되었다. 다행히 건축부지가 확정되면서 멀티플랙스 영화관을 갖춘 신세계와 롯데백화점이 입주했고, 영화 후반 작업시설이 조성되었다. KNN방송사가 바로 옆에 건설 중이고 앞으로 영화진흥위원회와 영상물등급위원회가 이곳에 둥지를 틀게 되면, 차선책이었지만 결과적으로 잘 된 것이 아니었는가 생각되었다.

다음은 설계문제였다.

설계 관련 업무는 부산시가 부산건축문화제조직위원회에 위탁하고 있었다. 460억원 규모의 건축이지만 나는 국제공모를 주장했고, 지명경쟁을 요구했다. 부산시의 실무진과 건축문화제조직위원회는

▶ 후쿠오카영화제 집행위원장 사토 다다오 부부.

세계건축가연맹을 통한 일반 공모를 원했다. 결국, 부시장의 중재로 내 의견에 따라 국외 7명, 국내 3명의 초대작가를 선정한다는 합의에 이르렀고, 초대작가선정위원회에서는 2005년 3월 19일 국외 21명, 국내 9명의 후보자를 선정했다. 그 후 많은 진통을 거치면서 8월 19일, 스티븐 홀(미국), 버나드 츄미(스위스), 쿱 힘멜브라우(오스트리아), MVRDV(네덜란드), 에릭 반 에게라트(네덜란드), 텐 아키텍토스(멕시코), 하이키넨-코모넨(핀란드) 등 7명의 건축가를 초대하기로 결정했다.

10월 6일 제10회 영화제 개막식 날 그랜드호텔 그랜드볼룸에서는 시민들과 국제심사위원이 참석한 가운데 초대된 7명의 건축가로부터 공개설명회가 진행되었고, 다음날 예정 부지에서 기념식과 함께 영상보고회가 열렸다. 그리고 영화제 기간에는 모형전시를 통해 일반에 공개된 후, 1차 심사에서 3명으로 압축되었고, 2005년 11월

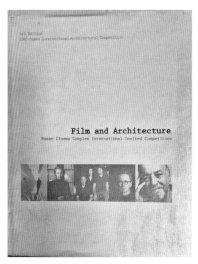

▶ 부산영상센터 설계공모에 응모한 전 세계 7명의 설계내용을 수록한 책자 『영화와 건축』(ⓒ 부산국제영화제)

10일, 다시 구성된 2차 심의에서 쿱 힘멜부라우가 설계자로 최종 확정되었다.

그러나 최대의 걸림돌은 예산확보 문제였다.

2004년 7월 삼성경제연구소는 부산시에서 제시한 460억원에 맞춰, 건립계획의 용역 결과를 보고하면서 대안으로 건축비 672억원을 제시했다. 460억원은 처음부터 부족한 예산이었다. 건축설계를 맡은 쿱 힘멜부라우는 2006년 4월, 설계 결과를 보고하면서 총공사비를 1,278억원으로 산출했다. 부산시, 문화관광부, 기획예산처 모두 반대했고, 특히 문화관광부에서는 설계용역 자체를 중단할 것을 요구하면서 영상센터의 건립은 최대의 난관에 봉착하게 되었다.

나는 문화관광부와 기획예산처에 대한 설득 작업에 나섰다. 이 과정에서 문화관광부의 박양우 기획관리실장의 도움이 컸고, 기획예산처의 신철식 정책홍보관리실장을 만나 터놓고 상의했다. 그는 장병완 차관, 김대식 국장 등과 배우 안성기 부위원장, 강수연과 합석하는 자리를 주선해 주었다. 시간이 흐르면서 이재웅 윤원호 특히 허원재 의원 등 부산출신 국회의원, 김인세 부산대 총장과 신정택 부산상의 회장 등 부산지역 인사들의 많은 도움을 받았다. 예산안은 KDI의 예비타당성 검토를 거치게 되었고, 1차 심사에서 691억원으로 상향 조정되었다. 2008년 5월 20일, 최종설계결과 건축비는 1,624억원으로 다시 늘었다. 부산시와 나는 또다시 정부 각 부처를 대상으로, 로비를 할 수밖에 없었다.

영상센터건립 기념식이 있었던 2005년으로부터 만 3년이 지난 2008년 10월 2일 허남식 시장의 결단으로 예산이 확정되지 않은 상태에서 기공식을 갖고 2009년 1월부터 공사가 본격적으로 진행되었다. 2차 KDI 타당성 검토에는 현오석 원장의 도움이 컸다.

3년간의 기획, 3년간의 예산확보를 위한 투쟁, 그리고 2년간의 공사 과정을 거쳐 부산영상센터, 지금의 '영화의전당'은 내가 부산국제영화제를 떠난 1년 후인 2011년에 준공, 개관되었다.

▶ 설계공모 결과, 심사회의에서 최종 선정된 일곱 작품의 설계자들. (ⓒ 부산국제영화제 조직위원회)

▶ 센텀시티에 건립된 부산영상센터.

　나는 준공 1년을 앞둔 2010년 제15회 영화제를 끝으로 '새 건물은 새 주인'이 맡아 운영하도록 하는 것이 옳다는 생각으로 퇴임했다.

　부산영상센터는 부산시의 건물이고, 건설 주체도 부산시이다.

　460억원의 예산으로 부산시가 지어주는 대로 영화제 전용관으로 사용했으면 편했겠지만 부산영상센터 건립에 모든 열정을 쏟았던 것은, 이 기회에 천년 후에도 부산이 자랑할 수 있는 건축물을 남기고 싶었기 때문이었다.

▶ 부산국제영화제가 열리면 해운대해수욕장에는 영화제를 홍보하는 컨테이너 부스가 설치되어 또 하나의 부산영화제의 명물로 등장했다.

이런 과정에서 많은 감독·평론가·언론인과 영화제 책임자들을 친구로 사귀었고, 많은 영화 관련 단체들과 친교를 맺었다. 부산국제영화제의 위상은 해마다 높아졌고 한국영화에 관한 관심은 날이 갈수록 증폭되었다. 어딜 가나, 누굴 만나도 나는 "미스터 김(Mr. KIM)"으로 불렸다.

16.
세계를 나의 무대로

| 정신없이 뛰어다닌 15년, 한국영화의 로비스트 역할

전 세계를 누비고 다녔던 15년이었다.

부산국제영화제를 창설한 1996년에는 영화제 준비를 위해 3월에 개최된 홍콩영화제와 5월에 열린 칸영화제를 찾았었다.

영화제 창설을 알리고 필요한 영화계 인사들을 초청하기 위해서였다.

그런데 제1회 부산국제영화제가 성공하면서 해외영화제로부터 초청받는 일이 급격하게 늘었다.

1997년과 1998년에는 각각 일곱 번을 해외로 나갔다. 그 이후에는 일 년에 적게는 열 번을, 많게는 스물네 번을 해외로 돌아다녔다. 영화제 전성기였던 2005년에는 22회 해외 출장에 27개 국가를 방문했고, 2007년에는 20회 출장에 26개 국가를 방문했다.

칸과 베를린영화제는 매년 참가했고 100개가 넘는 국제영화제를

▶ 인도 시네마영화제에서 왼쪽 두 번째부터 막스 테시에, 아루나 바슈데프, 필립 쉬어, 원탁청 영화평론가 그리
고 저자.

돌아다녔다. 때로는 심사위원 또는 심사위원장으로, 게스트로, 더러
는 자비로 참가했다. 일 년에 반은 해외에서 보낸 셈이다.

　이런 과정에서 많은 감독·평론가·언론인과 영화제 책임자들을 친
구로 사귀었고, 많은 영화 관련 단체들과 친교를 맺었다. 부산국제영
화제의 위상은 해마다 높아졌고 한국영화에 관한 관심은 날이 갈수
록 증폭되었다. 어딜 가나, 누굴 만나도 나는 "미스터 김(Mr. KIM)"
으로 불렸다.

　제1회 영화제 이후 매년 부산을 찾았던 프랑스 평론가 피엘 리시
앙은 외국 영화인에게 나를 항상 한국영화의 '차르'(황제)라고 소
개했다. 한국영화를 칸에 진출할 수 있도록 교량 역할을 했던 그는
2018년 5월, 타계했고, 5월 21일 파리에서 열린 장례식에 강수연과

▶ 프랑스 도빌영화제에서 부산국제영화제와 재매 결연식. 저자와 알랭 파텔 도빌영화제 집행위원장.(2000년 4월)

함께 참석했었다. 2019년에 개최한 제1회 강릉국제영화제에서 그의
한국인 부인 서영희와 비서 역할을 하다가 칸 감독주간 프로그래머
로 활동하고 있었던 벤자민 이요스, 가까운 친구였던 인도네시아 국
민 여배우 크리스틴 하킴과 이창동 감독, 전도연 배우를 초청해 추모
행사를 가졌다

　국제영화제는 때로는 한국영화를 소개하는 효과적인 무대가 되곤
한다.
　프랑스 북부 노르망디 지역 도빌이란 작고 아름다운 도시에서 열
리던 '도빌아시아영화제'가 그랬다.
　외과의사이며 한때 부산에서 활동하기도 했던 알랭 파텔이 1999

▶ 도빌영화제에서 왼쪽부터 저자, 알랭 파텔, 박찬욱 감독, 송강호 배우.(2001년)

년에 창설한 이 영화제는 마치 유럽에서 열리는 한국영화제와 같았다. 알랭 파텔은 첫 영화제를 개최한 후 부산국제영화제 왔었고 나는 도빌 아시아영화제와 제휴하기로 합의했다. 그리고 제2회 도빌 아시아영화제 개막식에서 부산국제영화제와 자매결연행사를 가졌다. 그 이후 나는 한해도 거르지 않고 도빌을 찾았다.

제1회 영화제에서 신상옥 감독의 회고전을 열고 〈지옥화〉 등 4편의 영화를 상영했던 알랭 파텔은 경쟁영화제로 바꾼 제2회 영화제 때는 영국의 영화평론가 토니 레인즈를 심사위원장으로, 배우 윤정희를 심사위원 중 한 사람으로 위촉했고. 이명세 감독의 〈인정사정 볼 것 없다〉가 5개 부문의 시상 종목 중 여우주연상을 뺀 작품상, 감독상, 남우주연상과 관객상 등 4개 부문을 수상했다.

알랭 코르노 감독이 심사위원장이었던 제3회 영화제에서도 〈공동

▶ 프랑스 도빌영화제에 참석한 알랭 파텔 집행위원장과 최은희 신상옥 감독 부부.(2001년)

경비구역 JSA〉가 전해와 같이 4개 부문을 수상했고 신상옥 감독이
심사위원장을 맡은 제4회 영화제에서는 송해성 감독의 〈파이란〉이
작품상을 받았다.

   알랭 파텔이 물러난 후 주관기관이 바뀌고 시상제도도 대상(작품
상), 심사위원상, 비평가상, 액션 아시아부문 대상으로 변경된 2004
년의 제6회 영화제에서도 한국영화는 수상을 이어갔다. 임상수 감독
의 〈바람난 가족〉이 대상을 수상했고, 다음 해인 2005년에도 이윤
기 감독의 〈여자, 정혜〉가 심사위원상, 류승완 감독의 〈아라한 장풍
대작전〉이 액션아시아 대상을 수상하는 등 한국영화는 한해도 거르
지 않고 수상을 이어 갔다. 이처럼 도빌 아시아영화제는 한국영화를
유럽에 알리는 중요한 창구 역할을 했지만 아쉽게도 2015년 17회로
중단되고 말았다.

▶ 우디네극동영화제에 참석한 박철수, 배창호 감독, 사브리나 영화제집행위원장, 저자, 토마스 감독.

이탈리아에서 열리는 우디네 극동영화제도 한국영화를 유럽에 알리는 중요한 역할을 하고 있다.

1999년 사브리나 바라체티와 토마스 베르타체가 창설한 우디네 극동영화제에서도 많은 한국영화를 초청하여 상영하고 있다.

2000년 제2회 영화제 때 〈씨받이〉(임권택), 〈쉬리〉(강재규) 등 한국영화 11편과 〈홍길동〉(김길인), 〈도라지 꽃〉(조경선) 등 8편의 북한영화를 초청해 관심을 모았고 그 이후 매년 10편 이상의 한국영화를 꾸준히 초청하고 있다. 2002년 베니스에서 사브리나와 만나 상호교류 협약을 맺은 이후 그들 두 사람은 지금까지 한해도 빠지지 않고 매년 부산을 찾아 한국영화를 초청하고 있다.

나도 부산국제영화제를 사임했던 2010년까지 매년 우디네 극동영화제를 찾았었다.

백포도주와 명주(名酒) '그라빠'로 이름난 도시의 분위기도 좋지만

▶ 피렌체 한국영화제에 참석한 한국대표단과 함께. 왼쪽-젤리 공동집행위원장, 세 번째 저자, 맨끝 장은영 공동
위원장.

40~50명의 해외게스트들을 점심과 저녁을 꼭 챙겨주는 가족 같은
영화제가 좋았기 때문이었다.

　이탈리아 피렌체 한국영화제 또한 한국영화를 해외에 소개하는 대
표적인 영화제다. 2003년 이탈리아 태생의 리카르도 젤리가 한국인
여자 친구 장은영과 함께 창설한 영화제다. 처음에는 월드컵 본선에
서 이탈리아팀이 한국팀에게 패한 후 한국인에 대한 감정이 나빠진
이탈리아 국민에게 한국에 대한 감정을 호전시키고자 한국대사관과
삼성 등 한국기업의 협찬을 얻어 한국문화를 소개하는 전시, 사진,
무용 등 행사와 함께 한국영화 15편을 초청해서 한국문화를 소개하
는 행사를 개최했는데 큰 호응을 얻자 다음 해부터 피렌체 한국영화
제로 이름을 바꿔 개최하게 되었다.
　2004년 6월 제2회 영화제에는 〈친구〉(곽경택), 〈엽기적인 그녀

▶ 스페인 라스팔마스영화제 집행위원장과 게스트.(2004년)-위 / 스페인 라스팔마스영화제의 심사위원들.-아래

〉(곽재용) 등 9편을 초청했고 개최일을 4월로 옮긴 2005년의 제3회 영화제에는 11편의 김기덕 감독의 회고전을 열면서 〈스캔들〉(이재용)을 포함해 모두 22편의 영화를 상영했다. 상영되는 한국영화는 계속 늘어 지금은 매년 40~50편의 한국영화가 소개되고 있다.

2004년 3월 나는 라스팔마스영화제에 심사위원으로 초청받았다.

영국의 저명한 연극배우 겸 영화배우인 클레어 블룸이 심사위원장으로, 〈파리에서의 마지막 탱고〉로 선풍적 인기와 화제를 모았던 프랑스의 여배우 마리아 슈나이더, 미국의 여성 감독 니나 로젠블룸 등 일곱 명이 심사위원으로 참여했었고 장선우 감독, 정재은 감독, 배우 옥지영이 함께 초청받았다.

스페인의 영토인 라스팔마스는 아프리카 서북쪽 대서양상의 카나리아군도에 있는 작고 아름다운 섬이다. 1970년대 후반, 한국의 원양어업 전진기지로 이름을 떨쳤던 이 섬에는 아직도 8백여 명의 한국 교민이 살고 있다.

이곳에서 열리는 제5회 영화제에는 〈8월의 크리스마스〉(허진호), 〈춘향뎐〉(임권택), 〈오아시스〉(이창동), 〈성냥팔이 소녀의 재림〉(장선우), 〈고양이를 부탁해〉(정재은) 등 13편의 한국영화가 초청되었다.

외딴섬에 한국영화가, 그것도 열세 편이나 상륙한 것은 역사상 처음 있는 '대사건'이었다. 총영사관과 영사 2명은 만사를 제쳐놓고 영화를 보러 다녔다. 배점철 총영사와 임리근 교민회장은 대표단을 초청해 만찬을 베풀었고, 교민회 부인회에서는 '한국의 밤' 행사를 개최했다. 이 행사에 현지 시장과 기관장, 영화제에 참가한 해외 게스

▶ 스페인 라스팔마스영화제에서 '한국의밤' 행사를 개최한 교포부인회 회원들과 함께.

트 300여 명을 초대했다. 국악이 흐르는 가운데 한복을 입고 한식을 대접한 이날 '한국의 밤' 행사는 최고의 인기를 모았다.

김기덕 감독의 〈봄 여름 가을 그리고 봄〉이 작품상을 받았다.

많은 영화제에 참가해 보았지만 이처럼 환대받기도 처음이었고, 해외영화제에서의 한국영화 상영이 교민을 단합시키는 '축제'의 역할을 하리라고는 생각하지도 못했던 경험이었다.

그러나 규모나 권위 면에서 정상의 영화제는 칸영화제이고 그다음이 베를린영화제다. 따라서 한국 영화가 전 세계에 알려지기 위해서는 칸과 베를린에 초청받는 것이 무엇보다 중요하다.

이러한 맥락에서 나는 부산국제영화제 초창기부터 한국영화가 칸에 진출하기 위한 노력을 기울였다.

1월 말에 개최하는 로테르담영화제는 1997년부터 내가 부산국제영화제를 떠났던 2010년까지 14년간 매년 참가했다. 영화제가 끝나는 2월 초부터 베를린영화제가 시작하는 2월 초순까지 4~5일의 간격이 있었다.

나는 이 기간에 매년 파리에 들러 칸영화제 사무실을 방문한 후 베를린으로 갔다. 칸영화제에서 초청할만한 한국영화를 소개하기 위해서였다.

초기에는 질 자콥 집행위원장, 크리스천 존 영화 선정 책임자와 영화평론가 피엘 리시앙을 만났고. 2001년부터는 새로 부임한 티에리 프리모 집행위원장, 크리스천 존, 피엘 리시앙과 오찬을 함께 하면서 한국영화 감독들이 제작하고 있는 영화들을 소개했다.

이 일정은 영화제를 떠나고 명예집행위원장으로 있을 때도 변함없이 파리로 직접 가서 이들을 만난 후 베를린영화제로 갔었다.

한국영화가 칸에 진출하기 위해 로비스트 역할을 수행한 셈이다.

영화제의 심사위원으로 초대받는 것도 개인의 영예일 뿐 아니라 부산영화제와 한국영화의 위상을 높이는 역할을 한다.

1997년 1월 제1회 부산국제영화제가 끝난 직후, 로테르담영화제에 심사위원장으로 참석한 이후 많은 국제영화제에서 심사위원으로 초청받기 시작했다. 40여 회가 넘는 국제영화제의 심사위원장 또는 심사위원으로 초청받았다.

1997년 로테르담을 시작으로 싱가포르영화제, 후쿠오카영화제, 하와이영화제에, 1998년에는 인도영화제와 방콕영화제에 초청받았다.

내가 퇴임했던 2010년만 해도 1월에는 폴리네시아의 타이티섬에

▶ 프렌치 폴리네시아(타이티) 다큐영화제 심사위원 오른쪽 첫 번째 저자-위 / 러시아 이바노보의 타르코프스키
영화제에 참석한 심사위원들. 왼쪽 세 번째 심사위원장인 저자.(2010년 6월)-아래

▶ 타르코프스키 영화제에 참석한 저자(심사위원장)가 기념관 뜰에 기념 식수를 하고 있다.(2010년 6월)-위 / 아이슬란드 레이카비크 영화제 심사위원으로 참석했을 때 헬기로 빙산의 정상에 올랐던 심사위원들. 오른쪽 처음이 저자, 끝이 하루춘 예레반영화제 집행위원장.(2016년)-아래

서 열리는 다큐멘터리영화제에 5월에는 칸영화제 '주목할 만한 시선' 부문의 심사위원을 맡았고 끝나자마자 모스크바를 경유 러시아 동남부의 이바노보의 타르코프스키영화제의 심사위원장을 맡았었다.

러시아가 배출한 세계적인 감독의 고향에서 기념 식수와 핸드프린팅을 남긴것은 잊을 수 없는 추억으로 남는다.

2016년에도 아이슬란드의 레이캬비크영화제에 작년(2023)에는 인도 푸네영화제에 심사위원으로 초청 받는 등 아직도 세계를 누비고 다니고 있다.

17.
국제연대 구축

| 한국영화 해외 진출의 발판 마련

영화제 집행위원장 15년, 나는 영화 선정은 프로그래머들에게 맡기고 영화제의 외연을 넓히고 상호협력을 증대시키기 위한 '국제연대'를 구축하는 데에 집중했다.

첫째, 아시아영화진흥기구(NETPAC) 즉 '넷팩'과의 유대를 강화했다.

1990년 8월 27일 인도의 영화잡지 「시네마야」의 발행인 아루나 바슈데프 여사는 유네스코와 공동으로 '실험영화와 비상업영화의 진흥과 배급을 위한 아시아 네트워크의 창설'이란 주제의 국제회의를 개최했다.

당시 영화진흥공사 사장을 맡고 있던 나는 우리 영화 8편을 선정, 모스크바, 타슈켄트(우즈베키스탄), 알마티(카자흐스탄)에서 '한국영

▶ 인도 뉴델리에서 개최된 넷팩 총회, 오른쪽부터 두 번째 저자, 세 번째 아루나 바수데프 회장.

화주간'을 개최한 후 감독 정진우, 강대선, 배우 정윤희 등 대표단과 헤어져 이 회의에 참석했다. 회의에 참석하기 전에 대학 선배인 김태지 주인도 한국대사에게 '한국의 밤' 행사를 개최해 줄 건을 건의했고 대사가 흔쾌히 이를 수락함으로써 개막행사가 끝난 후 각국 대표단을 대사관저에 초청했다. 이 행사를 통해 나는 많은 외국 영화인들을 사귈 수 있었다.

다음 해 10월, 일본 랴마카타국제다큐멘터리영화제에서 '아시아영화진흥기구'가 정식 출범, 아루나 바수데프가 회장으로 선출되었고 2000년 4월, 싱가포르에서 열린 총회에서는 새로 신설된 부회장에 내가 선임되었으며 주요 국제영화제를 대상으로 최우수 아시아영화에 '넷팩상' 시상을 권유하기로 결정했다.

▶ 오토바이로 이동중인 차이밍량 감독과 저자. (ⓒ 부산국제영화제)

　부산국제영화제를 창설하면서 '넷팩상'을 시상제도에 포함했고, 첫해 심사위원으로 아루나 바수데프 회장, 지넷 펄슨 하와이영화제 집행위원장, 필립 쉬어 싱가포르영화제 집행위원장을 초청했다. 제2회 영화제 때는 '넷팩 총회'를 부산에 유치, 개최하고 본부를 싱가포르에서 부산으로 옮기는 등 아시아를 중심으로 한 전 세계 회원들과의 우호친선 관계를 돈독히 했다.

　그 후 본부는 말레이시아를 거쳐 지금은 호주로 이전했고, 2010년 부산국제영화제 퇴임을 앞둔 8월, 뉴델리에서 개최된 20주년 국제회의에서 나는 부회장직에서 물러나 아루나 바슈데프와 함께 지금은 자문위원을 맡고 있다.

　아루나 바수데프는 올해(2024년) 5월 타계했다.

▶ 넷팩의 핵심 멤버들. 왼쪽부터 저자, 아루나 바수데프, 필립 쉬어.

　둘째, 특히 1997년에 창설된 유럽영화진흥기구(EFP)와 긴밀한 협력관계를 구축했다.

　유럽영화진흥기구는 유럽 각국의 영화진흥기기구와 배급단체의 대표들로 구성된 단체이다.

　제1회 영화제를 마치고 제2회 영화제를 준비하던 1997년 4월 3일 나는 한 통의 팩스를 받았다. 레나테 로제가 보낸 팩스에서 '1997년 2월 16일 베를린영화제에서 오스트리아 필름 커미션, 브리티시 스크린, 네덜란드 필름, 유니 프랑스 등 유럽의 영화진흥기구 대표 13명이 모여 유럽영화진흥기구(EFP)를 창설했는데 5월에 열리는 칸 영화제에서 만나고 싶다'는 내용이었다.

▶ 후쿠오카에서 개최된 국제문화포럼에 참가한 저자, 다카노 예츠크 이와나미홀 책임자, 아오키 문화청 장관,
세진 감독(2007. 1.)

사무총장인 그녀는 제1회 부산영화제에 참석했던 바우터 바렌드
레트(작고, 영화제작사 포티시모 창설자)로부터 부산국제영화제가
'아시아의 가장 중요한 영화제'라는 말을 들었고, 사전협의를 위해
독일 영화수출입공사 아시아책임자인 루카스 슈바르자커가 부산국
제영화제를 방문할 것이라는 내용을 덧붙였다.

4월 7일 홍콩에서 입국하는 그를, 싱가포르영화제 심사위원으로
참석하기 위해 출국하기 직전, 김포공항에서 만났다. 그는 유럽영화
진흥기구의 설립목적을 설명한 후 부산영화제에 참가할 5명의 대표
단에게 호텔 제공을 부탁했다. 나는 흔쾌히 수락한 후 싱가포르로 향
했다.

그 후 칸에서 구체적인 합의가 이루어졌고, 제2회 영화제에 대표

▶ 왼쪽부터 저자, 허우 샤우시엔 감독, 프로돈 영화평론가, 티에리 프리모 집행위원장.

단 5명이 참가했다. 다음 해인 1998년, 유럽영화진흥기구는 다니엘
토스캉 뒤 플랑띠에(작고) 유니프랑스 사장과 프랑스여배우 이자벨
위페르를 중심으로 대규모 대표단이 부산을 찾았다. EFP는 그 이후
매년 부산에서 파티를 여는 등 부산과 긴밀한 협력관계를 유지해 오
고 있다.

　유럽영화진흥기구는 1998년에 창설한 부산프로모션플랜(PPP, 현
아시아프로젝트마켓)과 2005년에 창설한 아시아영화마켓(AFM)에
큰 도움을 주었으며 유럽영화를 부산에 초청하고, 한국영화를 유럽
에 진출시키는 데에 아주 중요한 역할을 하고 있다. 회원단체는 창설
당시 13개에서 2011년에 31개로 대폭 늘었고, 홀란드필름 대표 클
라우스 란스버거가 창설 회장을 맡았었다.

　셋째, 국제영화비평가연맹(FIPRESCI), 국제영화제작자연맹

(FIAPF). 일본의 가와키타 메모리얼, 프랑스의 유니 프랑스와 시네마테크 프랑세즈, 이탈리아의 필름이탈리아 등 여러 나라의 영화 관련 기구들과 긴밀한 협력관계도 증진시켰다.

언론인과 영화평론가로 구성된 국제비평가연맹은 1925년에 창설되었고, 주요 영화제에서 국제비평가연맹 상을 수여하고 있다. 또 수상영화 중 1편을 선정, 그해의 세계비평가연맹 상을 수여하는데 이창동 감독의 〈밀양〉이 이 상을 탔다.

나는 영화진흥공사 시절부터 알고 지낸 클라우스 에더 사무총장과 협의, 제2회 영화제부터 '국제비평가연맹상'을 시상하기 시작함으로써 영화제의 권위도 높이고, 부산을 찾는 해외언론인과 평론가들을 통해 부산영화제와 한국영화를 해외에 알리는 데에 적지 않은 도움을 받기 시작했다.

안드레이 플라호프(러시아), 노벨트 뮐베르거(독일), 애슐리 라트나비부샤나(스리랑카), 원탁청(말레이시아) 그리고 이영일(작고) 평론가가 참여했던 심사 회의에서 프룻 챈 감독(홍콩)의 〈메이드 인 홍콩〉이 첫 수상을 했다.

▶ 저자, 양구이메이 대만 배우,
  김지석 프로그래머.(작고)

그 당시 회장이었던 영국의 데렉 말콤은 1997년 싱가포르영화제를 비롯한 몇 개의 영화제에서 심사위원을 함께했던 테니스동호인이었고, 후임자인 프랑스 주요 일간지 포지티브의 책임자 미셀 시망은 부산국제영화제에 심사위원으로 참여한 후 홍상수, 이창동 감독의 열렬한 후원자가 되었다.

부산을 방문하는 세계비평가연맹 회원들은 신문, 방송, 잡지나 출판물을 통해 부산영화제와 한국영화를 알리는 매우 중요한 메신저 역할을 맡고 있고, 또 그렇기 때문에 이들과 좋은 관계를 유지할 필요가 있었다.

부산을 방문하는 세계비평가연맹 회원들은 신문, 방송, 잡지나 출판물을 통해 부산영화제와 한국영화를 알리는 매우 중요한 메신저 역할을 맡고 있고, 또 그렇기 때문에 이들과 좋은 관계를 유지할 필요가 있었다.

1933년에 창설된 국제영화제작자연맹(FIAPF)은 주로 영화제작자 및 영화제 간의 협력과 권익 신장을 목적으로, 영화제의 인증(등록)과 개최 일자의 조정, 불법복제방지를 위한 협력 등에 관한 업무를 수행한다. 칸, 베를린, 베니스 등 14개 경쟁영화제, 부산, 테살로니키 등 27개의 특별부문의 경쟁영화제, 토론토, 런던 등 5개의 비경쟁영화제 그리고 새로 등록한 오버하우젠 등 5개의 영화제를 합쳐 모두 51개의 영화제가 2011년 현재 등록되어 있다.

종전에는 경쟁영화제를 대상으로 A, B 등급으로 분류했지만, 영화제들의 반대로 없앴다. 2006년 1월 23일 파리 국제영화제작자연맹 본부에서 오찬을 겸한 회의가 열렸다. 연맹에서는 안드레아 빈센테 고메츠 회장(스페인), 발레리 레핀-카닉 사무총장과 브노아 기니스티 사무차장이 참석했고, 영화제에서는 질 자콥 칸영화제 조직위원장과 마르코 뮐러 베니스영화제 집행위원장, 그리고 내가 참석했었다. 정말 전무후무한 영광스러운 자리였었다.

이 자리에서 연맹의 이사를 칸, 베를린, 베니스, 부산, 토론토, 사세바스티안 6개 영화제와 제작자연맹, 유니프랑스, 독립영화 및 TV연합 등 3개 기구, 3명 이내의 프로듀서 등 12개의 기구로 정했다. 그러나 5월 19일 칸영화제에서 열린 총회에서 희망하는 영화제를 추가함에 따라 카를로비바리, 몬트리올, 키에프, 마르델프라타, 테살로니키 영화제가 이사로 추가되었다.

2007년 여름 도쿄영화제가 개최 시기를 부산영화제 직후인 10월 말에서 부산국제영화제 직전으로 옮기거나 또는 11월 초에서 부산영화제 직전으로 변경할 뜻을 연맹에 전달하자, 연맹의 브노아 기니스티가 내 의견을 물었다. 나는 막아달라고 부탁했고, 브노아 기니스티는 일본으로 날아가 도쿄영화제 가도카와 회장과 후임 회장으로 내정된 톰 요다 회장을 만나, 개최일 변경 계획을 취소하기에 이르렀다. 제작자연맹의 이사로서 연맹과 친했던 덕을 톡톡히 본 셈이었다.

18.
부산국제영화제 패밀리

│ 거미줄처럼 뻗쳐 있는 '네트워크', '타이거클럽'에 '목포부대'까지

지난 15년, 부산영화제는 네트워크 구축을 위해 각별한 노력을 기울여 왔다. 프로그래머들과 함께 전 세계를 누비면서 뛰어다녔고, 아시아의 젊은 감독들이 세계무대로 뻗어나가도록 지원했다. 이런 과정에서 부산영화제와 인연을 맺고, 부산을 사랑하는 이른바 '부산영화제 패밀리'가 전 세계 곳곳에 포진하게 되었다. 이들이야말로 부산영화제를 사랑하고 지원하는 든든한 후원자들이다.

매년 부산을 찾는 영화인도 많다.

영국의 영화평론가 토니 레인즈, 그는 부산영화제 창설에 참여했고, 영화제 자문위원이다. 작고했지만 프랑스의 원로평론가 피엘 리시엥, 그는 부산영화제 마니아면서 한국영화의 로비스트였다. 네덜란드의 언론인 피터 반 뷰어렌, 1회부터 한해도 거른 적이 없다. 그 또한 타계했다. 핀란드의 프로듀서인 유니 호카넨과 탐페레단편영화제 프로그래머인 시모유카 루이뵤도 15년을 개근한 영화인이다. 슈마에다 후쿠오카영화제 집행위원장과 크리스천 존 칸영화제 영화담당 책임자처럼, 거의 해마다 부산을 찾는 해외영화제 관계자들도 부산영화제 패밀리들이다.

타이거클럽 멤버들인 칸영화제 집행위원장 티에리 프리모, 대만 감독 허우 사우시엔, 전 로테르담영화제 집행위원장 사이먼 필드, 태국 감독 논지 니미부트르, 그리고 고 피터 반 뷰어렌도 특별한 사정이 없으면 매년 부산을 찾는 열렬한 부산영화제 패밀리다.

재능 있는 아시아의 젊은 감독을 발굴하고 지원하는 일은 부산영화제의 핵심 역할이다. 아시아의 신인 감독 경쟁부문인 '뉴 커런츠' 부문, 장편극영화와 다큐멘터리 제작을 지원하는 아시아영화펀드

▶ 세계영화계 애주가 모임인 타이거 클럽의 멤버들이 2010년 10월 부산영화제에 모였다. 왼쪽부터 네덜란드 언론인이자 영화평론가인 피터 반 뷰런, 칸영화제 집행위원장 티에리 프리모, 김동호 부산영화제 집행위원장, 대만의 허우 샤우시엔 감독.

▶ 러시아 소치영화제 심사위원들. 왼쪽 두 번째 저자, 세 번째 이란의 자파르 파나히 감독(위원장).

(ACF), 아시아 영화지망생을 교육하는 아시아영화아카데미(AFA), 이들 프로젝트를 통해 부산영화제는 그 임무를 수행해 왔다.

먼저 부산영화제는 '뉴 커런츠'부문을 통해 많은 감독을 배출했다. 일본의 고레에다 히로카즈, 유키사다 이사오, 중국의 지아장커와 장밍, 대만의 장초치와 리캉센, 이란의 자파르 파나히, 홍콩의 프룻 첸과 유릭와이, 태국의 펜엑 라타나루앙, 싱가포르의 에릭 쿠와 로 이스톤 탄, 인도네시아의 리리 리자, 말레이시아의 호유항과 탄추이 무이, 인도의 무랄리 나이르, 아프가니스탄의 세디그 바르막. 이들 은 모두, 현재 아시아를 대표하는 세계적인 감독들이면서 부산을 통 해 세계적인 감독으로 성장한 감독들이다. 이들 중 자파르 파나히는

▶ 이란 자파르 파나히 감독과 인도의 아루나 바슈데프 넷팩 회장.

제1회 부산영화제를 찾은 뒤 부산국제영화제를 '세계 최고의 영화제'라고 칭찬하는 대표적인 감독이다.

그는 부산에서 영감을 얻어 두 번째 작품 〈거울〉을 완성하였고, 1998년 제1회 PPP(현재 APM, 즉 아시아프로젝트마켓으로 명칭 변경)에 출품했던 〈순환〉이 2000년 베니스영화제에서 황금사자상을 수상했다. 그는 〈오프 사이드〉를 제외한 모든 작품을 들고 부산을 찾았으며, 2003년에는 '뉴 커런츠' 심사위원을 맡았다. 자파르 파나히와 나는 러시아 소치영화제와 호주에서 개최된 제1회 아시아태평양영화상 등 많은 곳에서 심사위원을 함께했다.

안타깝게도 2010년 그는 반정부 활동을 했다는 이유로 6년 징역

▶ 제12회 타이페이영화제 심사위원. 왼쪽부터 유키사다 이사오 일본 감독, 호세 워커 브라질 배우, 첸상(陳湘琪) 대만 배우, 심사위원장인 저자.(2010년 6월)

형과 20년간 외부 활동을 금지하는 형을 선고받아 전 세계 영화인들의 공분을 샀다. 2011년 베를린영화제 개막식에서는 무대 위 빈 의자에 그의 사진을 놓고 심사위원으로 위촉하는 행사도 가졌다. 구속을 비난하면서 석방을 기원하는 이벤트였다. 부산국제영화제는 즉각 석방 탄원 성명서를 발표했지만, 자파르 파나히는 여전히 투옥상태에 있다가 최근에야 해금되었다.

일본의 유키사다 이사오 감독 역시 부산패밀리다. 그는 만날 때마다 "부산이 자기를 영화감독으로 키웠다"라고 공언하고 있다. 2010년, 부산영화제 폐막 영화 〈카멜리아〉 3부작 중 〈카모메〉를 연출했고, 내가 심사위원장으로 참여했던 타이베이영화제에서 대만 영화배

▶ 부산국제영화제 '프랑스 특별전' 때 초청된 프로돈 프랑스 영화평론가. 오른쪽에서 첫 번째는 배우 안성기, 두 번째는 저자. 그리고 배우 박중훈.

우 첸상치, 브라질 감독 호세 월커와 함께 심사를 맡기도 했다.

세디그 바르막 감독도 잊을 수 없는 감독이다. 그와의 인연은 이란의 모흐센 마흐말바프 감독으로부터 시작되었다. 마흐말바프 감독은 2001년 탈레반 정권이 무너지고 난 뒤, 아프가니스탄의 영화 재건에 도움을 주는 과정에서 세디그 바르막 감독과 친구가 되어 그의 장편 데뷔작 제작을 도와주었다.

부산영화제는 그의 추천으로 2002년 세디그 바르막의 신작 시나리오 〈오사마〉 국내 개봉 이름은 〈천상의 소녀〉를 PPP에 초청했고, 이 작품은 2003년에 완성되어 그해 칸영화제 황금카메라상 후보에 올라 '특별언급'에 선정되는 성과를 거두었다.

이런 인연으로 세디그 바르막 감독은 지금도 부산영화제에 대해 무한한 애정을 지니고 있다. 그는 아프가니스탄영화 재건을 이끈 선구자였고, 부산영화제가 미약하나마 힘을 보탠 것에 자부심을 느끼고 있다고 말한다.

뉴커런츠 부문을 거친 한국감독 또한 적지 않다.

박기용 이창동 임상수 변혁 정재은 송일곤 김수현 노동석 이윤기 장률 조창호 윤종빈 김태식 박흥식 안슬기 윤성호 김태곤 백승빈 노경태 소상민 윤성현 박정범- 이들 모두 대·소규모의 국제영화제에 초청받고, 많은 상을 받는 등 부산국제영화제의 위상을 높이는 데에 적지 않은 역할을 해냈다. 나는 이들 중 많은 감독이 수상하는 현장에서 보람과 긍지를 갖고 이들의 수상을 지켜봤다.

아시아영화펀드(ACF)의 지원을 받은 감독들도 적지 않다.

특히 〈원더풀 타운〉의 아딧야 아사랏 감독과 〈똥파리〉의 양익준 감독은 부산에서 첫 장편영화의 후반작업을 지원해주는데 지니지 않

▶ 모흐센 마흐말바프 가족. 왼쪽부터 막내딸 하나, 부인, 저자, 감독, 장남.

지만 두 감독 모두 부산을 통해 그 이름이 전 세계에 알려지게 된 대표적인 사례에 해당한다.

영화 속에 욕이 많이 나오는 〈똥파리〉는 가는 곳마다 화제를 뿌렸다. 라스팔마스에서 영화 상영이 끝난 후 저녁 장소로 이동하는 차 속에서 총영사 부인은 나에게 "평생에 들을 수 있는 욕을 두 시간 동안에 다 들었다"라고 말했고, 타이베이에서 이 영화를 본 허우 사우시엔 감독이 양익준 감독에게 "김동호 위원장을 만날 때 그 욕을 써도 되느냐?"고 물어 기겁했다고 한다.

부산영화제 패밀리 중에는 거장 감독들도 많다.

올해 부산영화제 공식 포스터의 원화를 제공해 준 압바스 키아로스타미 이란 감독은 부산을 세 번 찾았다. 〈체리향기〉로 칸영화제 황금종려상을 받고 '내 친구의 집은 어디인가'로 우리를 열광시킨 거장이다. 이란에선 음주가 공식적으로 금지됐지만, 부산에 오면 가끔 술도 마시고, 좋아하는 소갈비식당을 자주 찾았다. 그 또한 타계했다.

모흐센 마흐말바프 감독 또한 부산을 자주 방문했다. 회고전 때는 가족 모두(부인과 2녀 1남) 부산을 찾았고, 한해는 아시아영화아카데미 교장으로, 또 한해는 영화와 함께 부산을 방문했다. 2003년 부산영화제는 '올해의 아시아인 상'을 제정하고 첫 수상자로 모흐센 미흐말바프를 선정했다. 그런데 마흐말바프 감독이 부산으로 오기 며칠 전 길거리의 떠돌이 개에게 먹을 것을 주려다가 개에게 물렸다.

그 개는 광견병을 지닌 개였고, 병원에서는 계속 치료받아야 한다고 부산행을 말렸지만, 미흐말바프는 약속을 지켜야 한다면서 끝내

부산을 찾았다. 2011년 2월 몬드리안 특별전이 열리고 있는 파리 퐁피두센터에 갔을 때 마흐말바프 부부를 반갑게 만났다. 그들 가족은 지금 이란에 거주하지 못하고 영국 런던에 살고 있다. 2022년 11월 런던에 갔을 때 그들 가족을 만났다.

2005년 제10회 부산영화제를 찾은 일본의 스즈키 세이준 감독도 강렬한 인상을 남겼다. 와병 중인 그가 올 수 있을지 걱정했지만, 산소호흡기를 부착하고 부산에 나타나 모두를 깜짝 놀라게 했다. 그럼에도 스즈키 세이준 감독은 체류 기간 내내 열정적인 모습으로 관객을 즐겁게 해 찬사를 받았다.

타이거클럽 멤버인 대만 허우 사우시엔 감독은 대표적인 단골손님이다. 2001년 심사위원장으로 부산을 처음 찾은 그는 2002년에는 대만의 영화인들을 독려 그 단장으로 다시 찾았고, 2005년에는 개막영화 〈쓰리 타임즈〉로, 2005년과 2008에는 아시아영화아카데미 교장으로, 2009년에는 특별한 일 없이, 2010년에는 나의 퇴임 행사에 참석했다. 감자탕과 삼계탕을 좋아하기 때문에 김지석 프로그래머가 대만을 방문할 때면 부산에서 통닭을 사서 선물을 하곤 했다. 대만의 차이밍량 감독, 이강생 감독 그리고 특히 배우 양구이메이와 타이페이 필름커미션의 제니퍼 자오 위원장 또한 부산을 자주 찾는 부산패밀리 멤버이다.

일본의 기타노 다케시 감독, 중국의 왕가위 감독도 부산영화제 마니아들이다. 2009년 제14회 영화제에 참석한 코스타 가브라스 프랑

▶ 왼쪽부터 저자, 티에리 프리모, 대만의 허우 사우시엔 감독, 배우 서기, 프랑스 장 미셸 프로돈 평론가, 대만 배
  우 장첸-위 / 배우 양구이메이, 저자, 이강생, 챠이밍량, 김지석.(작고)-아래

▶ 칸영화제 개막식. 뤼미에르극장 정문에서 만난 코스타 가브라스 감독(왼쪽)과 플뢰르 펠르랭 문화부 장관과 저자.
(2015년 5월)

스 감독과 베로니크 켈레 프랑스 국립영화원(CNC) 원장 또한 부산
영화제의 패밀리인 동시에 제 열성 팬이다. 나는 파리에 들를 때면
이들과 점심이나 저녁을 함께하면서 우정을 다지고 있다. 베로니크
켈레는 최근 프랑스와 독일 전역에 방송되는 아르테 방송사 사장으
로 옮겼다.

우리나라에도 부산패밀리는 많다.
임권택 감독과 배우 안성기, 고 강수연은 패밀리 중 성골(聖骨)에
속한다. 첫 회부터 작년까지 한 회도 거르지 않고 참석했을 뿐 아니
라, 특별한 사정이 없으면 영화제 기간 내내 체재하면서 영화제 일을
돕고 있는 부산영화제의 든든한 버팀목이다. 연극배우 박정자, 윤석

▶ 1996년 제1회 부산국제영화제 개막을 앞두고 만난 '절친들'. 왼쪽부터 임권택 감독, 노영심, 저자, 강수연, 박정자, 윤석화.

화, 손숙, 피아니스트 노영심도 개근파인 동시에 '김동호 패밀리'이다. 문화예술인으로 구성된 예장로타리클럽, 원로 무용가 최현(작고)을 기리는 '허행초 모임'(역대 회장은 차범석, 김수용, 이종덕 김동호)의 멤버들도 거의 매년 부산을 찾는 영화제 패밀리인 동시에 나의 열광적 팬(광팬)들이다.

특히 1회부터 15회까지 15년간을 폐막식에만 참석한 후 다음 날 아침 해장국에 곁들여 양주 두, 세 병을 비우고 돌아가는 '목포 오빠부대' 또한 열성 '김동호 패밀리'이다. 가구점 사장 박삼석, 2대째 '갑자원'모자(帽子)점을 운영하는 이태운, 약국 주인 김성수, 목포대학 교수 박종두, 그리고 언론인 박연호, 강두모, 이규섭 등 이들의 직업도 다양하다.

국내외에서 부산영화제를 사랑하고, 성원하는 이들 '패밀리'들이
있었기에 부산영화제의 오늘이 있다.

19.
화려한 퇴장

| 세계적 여배우 '미스터 김과 춤추러 왔다' 송별파티 참석

2010년 10월 7일 제15회 부산국제영화제개막식장에서 피아니스트 노영심은 무대에서 퇴임하는 나를 위해 직접 작사 작곡한 '당신의 이 순간이 오직 사랑이기를'을 연주했고 이에 맞춰 무대에서는 가수 윤건이, 영상으로는 배우 엄정화 문소리 예지원 김남길 황정민이 함께 노래했다. 애조 띤 이 노래는 개막식장을 메운 6천여 관중의 심금을 울렸다.

대형화면에는 지난 15년간 활동했던 내 모습이 소개되었고, 장예모 감독의 개막 영화 〈신사나무 아래에서〉가 상영되기 직전에 상영된 애니메이션 트레일러(연상호 감독 제작)에는 택배 오토바이 뒷좌석에 앉아 남포동에서 해운대를 거쳐 개막식장에 도착하는 내 모습이 담겼다.

▶ 15회 부산국제영화제 폐막식 때 촬영한 배우들.

대만 정부가 주최한 대만파티에서는 시작과 함께 불이 꺼지면서 부산을 찾았던 대만 감독들의 나에 대한 헌사(獻辭)가 영상으로 소개 되었고 불이 켜지면서 〈음식남녀〉(1994), 〈애정만세〉(1994) 등에서 열연한 대만의 대표적인 여배우 양구이메이(楊貴媚)가 한복을 입고 우리말로 '사랑해 당신을' 부르면서 무대에 등단, 나를 무대로 불러 올려 함께 춤추었고 허우 샤오시엔, 차이밍량 감독은 대만 정부의 감 사패를 주었다. 제니퍼 자오 타이베이 영상위원회 위원장이 연출한 깜짝 이벤트는 내 눈시울을 젖게 했다.

독립영화인들이 밤새워 즐기는 '와이드앵글파티'에서는 젊은 영 화인들이 나를 무등을 태워 장내를 돌았고, 때맞춰 파티에 온 프랑스 여배우 줄리엣 비노쉬는 마이크를 잡고 "나는 배우로 이곳에 온 것이 아니고 미스터 김과 춤추러 왔다"라고 말하면서 나와 함께 한 시간

▶ 와이드앵글파티.(2010년 10월)

▶ 와이드앵글파티에서 프랑스 배우 줄리엣 비노슈와 함께
춤추고 있는 저자.

▶ 대만 배우 양구이메이와 함께.

이상 춤을 추었다.

티에리 프리모 칸영화제 집행위원장, 베로니크 칼레 프랑스 국립영화원(CNC) 회장 등이 함께 어울렸다. 〈퐁네프의 여인들〉, 〈프라하의 봄〉으로 우리에게 친숙한 줄리엣 비노쉬는 크쥐시토프 키에슬로프스키의 〈블루〉(1993)로 베니스영화제에서, 안소니 민켈라 감독의 〈잉글리쉬 페이션트〉(1997)로 베를린영화제에서, 압바스 키아로스타미 감독의 〈증명서〉(2009)로 칸영화제에서 각각 여우주연상을 받은 세계적인 여배우다. 그녀가 내 퇴임에 맞춰 부산을 찾아 나와 함께 춤췄다는 것은 평생 잊을 수 없는 추억이다.

다음 날 밤에는 티에르 프리모 칸영화제 집행위원장, 허우 사우시엔 대만 감독, 사이먼 필드 전 로테르담영화제 집행위원장, 피터 반뷰런 네덜란드 언론인(작고), 논지 니미부트르 태국 감독 등 타이거

▶ 제1회 부산국제영화제가 끝난후 길거리 파티.(부산호텔 앞에서) (1996년)

클럽 멤버들이 모여 밤새도록 송별파티가 열렸다. 더없이 감동적이고 화려한 퇴장이었다.

퇴임에 맞춰 영화제 기행을 담은 『영화, 영화인 그리고 영화제』와 영문판인 『MR. KIM Goes to Festival』 두 권의 책을 발간했고, '열정'이란 이름으로 해외에서 찍은 '사진전'을 개최했다.

부산영화제 15년간 나는 최선을 다해 일했고, 모든 열정을 쏟아 부었으며, 많은 일화도 남긴, 내 삶의 전성기였다.

제1회 영화제 행사가 끝난 밤 12시, 부산호텔을 나오니 음식점들이 모두 문을 닫아 '뒤풀이'할 장소가 없었다. 나는 호텔 앞 길가에 신문지를 깔고 근처에 있던 포장마차를 부른 후 거리에 앉아 외국게

▶ 개막식 다음날 개최된 영화배우들 파티에서 여배우들에게 환송받고 있는 저자.(2010년 10월 8일)

스트들과 술자리를 마련하고 밤새도록 환담했다. 이렇게 시작된 '스트리트 파티'는 2회, 3회를 거치면서 많은 영화사가 거리에 돗자리 깔고 파티를 함으로써 부산영화제만의 '명물'이 되었다.

1998년(제3회) 9월 28일 저녁 9시, 남포동 극장에서 중국 지아장커(賈樟柯) 감독의 〈소무〉가 상영되었고, 10시에는 해운대에 있는 파라다이스호텔에서 '프랑스의 밤' 행사가 열렸다. 나는 남포동에서는 지아장커를, 해운대에서는 주한 프랑스대사를 비롯한 프랑스대표단을 소개해야만 했다. 부산의 교통상황으로는 불가능해서 고심 끝에 택배회사에 전화, 짐 대신 나를 뒤에 태워 배달해 달라고 부탁했다.

넥타이 정장으로 헬멧 쓰고 자전거보다 조금 나은 택배 오토바이 뒤에 앉아 위험을 무릅쓰고 부산시내를 달려 두 행사를 주관할 수 있었다. 영화제의 주 무대가 해운대로 옮긴 3년 동안 나는 택배 오토바이를 자주 이용함으로써 화제를 뿌렸다.

초창기 조선비치에서 미포에 이르는 해변에는 포장마차가 길게 자리하고 있었고 국내외 영화인들이 삼삼오오 둘러앉자 밤을 지새우며 담소하는 명소였다. 나는 영화제 일정이 끝나면 하루도 빠짐없이 모든 포장마차를 차례로 순방하면서 자정부터 새벽 3시까지 소주 한 잔씩 주고받으면서 부산을 찾은 국내외 게스트들을 만났다. 매일 소주 100잔에서 150잔을 마신 셈이다.

이를 두고 내가 퇴임했을 때 언론에서는 '술로 영화제를 성공시켰다', '술로 세계영화계를 제패했다'라는 기사가 나왔고, 중국 왕가위 감독과 일본 다케시 기타노 감독은 "본인이 일 년 마실 술을 하룻밤에 나와 함께 마셨다"라고 회고했다. 이처럼 몸을 사리지 않고 뛰었던 15년이었다.

20.
부산국제영화제의
성공 원인들

| 아시아에 초점을 맞춘 목표와 전략의 적중,
'지원은 받되 간섭은 배제' 원칙 고수

부산국제영화제가 아시아 정상의 영화제로 성공한 원인은 무엇일까. 여러 가지 요인을 들 수 있다.

첫째, 가장 중요한 원인은 '아시아의 신인 감독을 발굴하고 지원한 다는 목표'와 이를 뒷받침하는 '전략'이 주효했기 때문이다.

아시아영화에 중점을 둔다는 점에서 아시아권에서 정상을 차지한 홍콩영화제와 차별화했다. 1976년에 창설한 홍콩영화제는 전 세계 영화들을 고루 초청하는 '발표회'와 같은 영화제이다.

홍콩과 함께 아시아 정상을 달리는 도쿄영화제와는 차별화해서 '비경쟁' 영화제로 하되 아시아의 신인 감독을 발굴하는 '뉴 커런 츠'(New Current) 부문을 신설하고 그중 가장 좋은 영화를 선정하

▶ 뉴커런츠 선정작 발표 기자회견 (ⓒ 부산국제영화제)

여 시상하는 '뉴 커런츠 어워드'만을 시상제도로 운영하기로 했다.

  1985년에 창설된 도쿄영화제는 '아시아의 칸'을 목표로 처음부터 '경쟁영화제'를 택했다. 경쟁영화제는 작품상, 감독상, 남녀주연상 등 시상제도를 운영하는 영화제다. 화려한 장점은 있지만, 경쟁에 올릴 '좋은 영화'나 세계 최초로 상영되는 '월드 프리미어' 영화를 선정하는 일이 거의 불가능하다는 단점이 있다. 세계 최초로 상영하는 영화들을 모두 칸이나 베를린, 베니스 등 3대 영화제에 선점당하기 때문이다.

  '뉴 커런츠' 섹션을 통해 이창동 감독의 〈초록물고기〉, 홍상수 감독의 〈돼지가 우물에 빠진 날〉, 중국 장밍 감독의 〈무산의 비구름〉,

▶ 제1회 핸드프린팅, 왼쪽부터 웨인 왕 감독, 저자, 문정수 부산시장, 제레미 아이언스 배우.(1997년)

지아장커 감독의 〈소무〉와 같은 첫 작품들이 소개되어 해외에 알려질 수 있었고 많은 아시아의 신인 감독들을 발굴할 수 있었다.

이와 함께 프로젝트 마켓인 '부산 프로모션플랜'(PPP)을 3회 영화제부터. 아시아 신인 감독을 양성하는 '아시아영화아카데미'(AFA)를 10회 영화제 때 창설, 운영함으로써 부산영화제는 아시아 영화인들의 선망의 대상이 되었다.

첫 영화제가 끝나자마자 나는 1월 말에 열리는 로테르담국제영화제의 심사위원장을 맡았다. 로테르담영화제에서는 세계 각국의 영화인들을 대상으로 프로젝트마켓인 '시네마트'(Cine Mart)를 운영하고 있었다, 감독 또는 영화제작사 들의 영화제작 기획 40여 편을 선정하고 3~4일간 투자자들과 만나게 해주는 '프로젝트 마켓'인 것이

October 17, 1999 20:30 Commodore Hotel

'P Award Ceremony and Closing P

▶ PPP 시상식 및 파티, 오른쪽 세 번째부터 안상영 부산시장.(작고) (1999년 10월 17일)

다. 나는 이 제도를 벤치마킹해야 하겠다고 생각했다. 귀국 후 나는 제작비를 구하는 데 어려움을 겪고 있는 아사의 영화감독 또는 제작자를 대상으로 '프로젝트 마켓'인 '부산 프로모션 플랜'(PPP)을 창설 운영한 것이다.

제2회 영화제 때 준비 회의와 시범운영을 한 후 1998년 제3회 영화제부터 본격적으로 운영했던 부산프로모션플랜(PPP)이 시작부터 아시아 영화인들의 관심과 참여 속에 성공을 거두기 시작했다.

특히 1998년 제1회 PPP에서 발표한 후 부산에서 투자자를 만나 영화를 완성한 이란 감독 자파르 파나히의 〈순환〉(Circle)이 베니스 영화제에서 대상인 황금사자상을 수상하고, 중국 왕샤오솨이 감독의 〈북경자전거〉가 베를린에서 은곰상인 감독상을 받으면서 PPP는 아

▶ 부산국제영화제가 열리고 있는 동안 아시아영상위원회네트워크(AFCNet) 정기총회가 개최되었다.(2019년 10월 7일)

시아 감독들의 선망의 대상이 되었다고 일본의 거장 감독인 이마무라 쇼헤이도 2회에 걸쳐 출품하기도 했다.

2005년 제10회 때 '아시아영화학교'(Asia Film Academy)와 아시아필름마켓(AFM)을 창설, 운영하기 시작했다.

PPP가 영화기획의 시장이라면 아시아필름마켓은 완성된 영화를 사고, 파는 영화시장이다. 아시아의 영화들이 구미에 진출할 수 있는 '시장'을 마련해 준 것이다. 우리나라에는 영화과를 개설한 대학(교)이 많아 많은 영화인력을 배출하고 있지만, 아시아는 영화 강국인 일본이나 인도를 제외하고는 영화학교를 운영하는 나라가 거의 없다. 이점에 착안하여 영화감독을 지망하는 사람들을 매년 24명 내외를 선발하여 부산영화제 기간을 포함 2~3주 초청하여 영화제작과정을

▶ 프랑스 레지옹 도뇌르 훈장을 받고. 왼쪽부터 주한 프랑스 대사, 저자, 서병수 부산시장, 이용관 부산국제영화제 집행위원장.

교육하는 무료교육 기관이 아시아필름아카데미다. 이 과정을 이수한 후 세계적인 감독이나 프로듀서로 활동하는 아시아 영화인들이 적지 않다.

이처럼 '아시아 신인 감독을 발굴하고 지원한다'라는 목표와 전략을 초지일관 실천해 옴으로서 부산국제영화제는 조기에 아시아를 대표하는 영화제로 발돋움할 수 있었다.

둘째, 부산광역시와 정부, 대우개발을 중심으로 후원기관의 예산 지원이 있었기 때문에 성공할 수 있었다.

제1회 영화제에 든 예산은 22억원이었고, 그중 부산광역시에서 3억원, 대우개발 정희자 회장께서 3억원을 협찬한 것을 포함하여 많은 기업과 개인이 모두 12억원, 입장료 수입에서 4억원을 충당했기

▶ 부산영상센터 개관식. 서병수 부산시장과 함께.(2017년 12월 6일)

에 부채 없이 영화제를 치를 수 있었다.

그 이후, 부산광역시의 예산지원은 계속 증가하여 15회 영화제 때
는 100억원의 예산 중 59억원을 지원했다. 1998년, 3회부터 받기
시작한 정부 보조금도 10~18억원에 달했고 기업과 개인도 30~40
억원을 지원해 왔다.

셋째, 언론기관의 협조가 컸다.

나는 28년간의 공보부와 문화공보부에서의 공직생활 중 절반은
국책홍보 업무, 특히 8년간의 언론 주무국장을 맡으면서 누구보다도
'홍보와 언론'의 중요성을 잘 알고 있다. 그 때문에 어떤 일을 맡든지
담당 분야의 기자, 부장, 국장, 사장에 이르기까지 수시로 만나 협조

를 구하고 친하게 지내는 것을 최우선시 해오고 있다. 부산영화제의 준비 단계부터 중앙과 특히 부산의 언론인들과 수시로 만나면서 협조를 부탁한 결과 초기부터 부산일보 국제신문 KBS MBC PSB(후에 KNN) 등 언론매체들이 대대적으로 보도함으로써 국내외에서의 관심을 증폭시키고 호의적인 여론을 형성할 수 있었다.

이와 함께 전국에서 몰려오는 젊은 관객과 부산시민들의 적극적인 성원이 있었기에 부산영화제는 초기부터 성공할 수 있었다고 확신한다.

넷째, '정치적인 중립'을 지켜 나왔기 때문에 영화제가 '정체성'을 유지하면서 발전할 수 있었다.

나는 첫해부터 영화제에서 정부의 장관이나 정치인들의 '축사'를 없앴다.

이를 위해 첫 영화제를 시작하면서 청와대와 협의하며 김영삼 대통령의 축하 영상을 받았다. 그런 후 당시 영화제를 찾은 문화체육부 김영수 장관께는 "행정부의 수반인 대통령의 축사로 대신해 주실 것"을 부탁드렸고, 부산시장은 개회선언만 하도록 하였다. 시의회 의장과 정당 대표를 포함한 정치인께는 '국가원수의 축사'로 대신하겠다는 이유로 무대 등단이나 축사를 못 하도록 막았다.

심지어 호텔에서 열렸던 개막식 또는 폐막 파티에서까지도 모든 '축사'를 없앴다. 쉽지 않은 결정이었고 실천이었지만 강행했고 끝까지 고수했다.

제2회 영화제(10.10.~10.18.)가 열린 1997년에는 대통령선거를 2개월 앞두고 있었다. 개막식에 야당인 김대중 후보께서 많은 국회의원과 함께 참석했다. 나는 미리 '소개나 축사'가 없다는 것을 통보했지만 막상 영화제 현장에서는 국회 상임위원회 위원들이 무대 위에서 개막 영화를 소개하고 있는 나에게 다가와서 "김대중 후보를 소개시켜 달라"고 항의까지 했지만 거절했다.

개막식이 끝나고 영화가 상영되자 모두 퇴장했고, 그 후 나는 야당 국회의원들로부터 적지 않은 곤욕을 치렀다. 영화제 기간에는 집권당의 이회창 후보께서 문정수 시장을 포함 부산 출신 국회의원들과 함께 젊은 관객들로 입추의 여지 없이 들어찬 남포동의 '피프(PIFF) 광장'을 찾았고 야외무대에 올라가 관객에게 인사할 것을 권유했다.

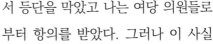

정부 요인이나 정치인들이 부산영화제에서 '무대에 올라가 축사'를 하는 일이 없는 유일한 '문화행사'로 자리 잡게 되었다. 이러한 전통은 내가 집행위원장으로 있었던 15년간 이어져 왔었다.

이때도 오석근 사무국장이 설득해서 등단을 막았고 나는 여당 의원들로부터 항의를 받았다. 그러나 이 사실이 보도되면서 정부 요인이나 정치인들이 부산영화제에서 '무대에 올라가 축사'를 하는 일이 없는 유일한 '문화행사'로 자리 잡게 되었다. 이러한 전통은 내가 집행위원장으로 있었던 15년간 이어져 왔었다.

한편 문정수 부산시장과 문화체육부와의 꾸준한 설득과 긴밀한 협력관계를 유지하는 속에서 자연스럽게 '지원은 받되 간섭은 배제' 한다는 관례를 수립할 수 있었고 부산국제영화제의 독립성과 정체성을 유지하면서 성공할 수 있었다.

21.
부산국제영화제의 성과

▌부산을 영화의 도시로, 한국영화의 해외 진출 창구 역할

부산국제영화제의 성과는 크게 두 가지로 요약할 수 있다.

첫째, 지역발전에 엄청난 동력으로 작용했다.

부산국제영화제의 성공은 부산시민과 공직자들에게 국제행사에 대한 자신감을 불어 넣었고, 문화와 영화에 대한 관심을 증폭시키는 역할을 했다.

'문화의 불모지'라고 했던 부산에서 부산국제영화제의 성공은 부산에서 잇달아 개최되었던 부산아시안게임(2002), 부산합창올림픽,(2002), 아시아태평양경제협력체(APEC) 정상회의(2005) 등 국제행사의 유치 및 성공적인 개최에도 직, 간접으로 영향을 미친 것으로 본다.

특히 부산국제영화제는 부산을 '영화의 도시'로 만드는 기폭제 역

▶ 부산아시아영화학교 개교식, 왼쪽부터 여섯 번째가 저자, 임권택 감독, 서병수 부산광역시장(2016. 10. 4.)
(ⓒ 부산국제영화제)

할을 했다.

1999년 8월 24일 영화제는 문정수 시장에게 건의해서 영화제 사
무실이 있던 요트경기장에 120석 규모의 영사실을 만들고 우리나라
최초의 민간 '시네마테크'를 개관 운영했다. 이 시네마테크는 '영화
의전당'이 건립되면서 250석 규모의 공간으로 이전하였다. 그해 여
름, 이용관 프로그래머와 오석근 사무국장의 안내로 미국 로스앤젤
레스의 영상위원회(Film Commission)를 시찰하고 돌아온 문정수
시장이 제4회 영화제 기간에 부산영상위원회 창설을 공표한 후 12
월 말 요트경기장 경내에 250평 규모의 스튜디오를 개관하면서 부
산영상위원회(Busan Film Commission)가 우리나라는 물론 아시
아 최초로 개관했다.

그 후 부산시는 500평 규모의 스튜디오를 추가로 건립했고, 2008

▶ 부산아시아영화학교 개교식 (ⓒ 부산국제영화제)

년 9월에는 후반 작업회사인 'AZ Works'를 개관 운영함으로써 한때
는 우리나라 영화 촬영의 40%가 부산에서 이루어지기도 했다.

그리고 노무현 정부의 공공기관 지방 이전계획에 따라 영화진흥위
원회, 영상물등급위원회 등 중앙의 영화 관련 기관이 부산으로 이전
함에 따라 부산은 이제 명실공히 '영화의 도시'가 되었다.

2008년 부산발전연구원의 연구보고서에 따르면 부산국제영화제
는 부산시에 536억원의 생산 유발 효과를, 1,250명의 취업 유발효
과를 267억원의 부가가치 창출 효과를 가져다준 것으로 나타났다.

둘째, 부산국제영화제는 한국영화의 고도성장을 서로 견인했다는
점에서 그 성과를 높이 평가할 수 있다.

▶ 부산영화촬영스튜디오 개관식(2004. 2. 18.)-위,
부산촬영스튜디오에서 개최된 부산 미래 혁신 회의 후 기념 촬영, 왼쪽부터 다섯 번째 김동현 영진위원장 직무
대리, 강성규 부산영상위원장, 박형준 부산광역시장, 강재규 감독(2024. 4.4.)-아래 (ⓒ 부산국제영화제)

한국영화는 부산국제영화제가 창설된 1996을 기점으로 질적인 면에서나 산업적인 면에서 크게 성장하기 시작했다. 어떻게 보면 부산국제영화제는 운 좋게도 이런 시류를 탔다고 할 수 있을 것이다.

홍상수 감독의 〈돼지가 우물에 빠진 날〉, 이창동 감독의 〈초록 물고기〉, 김기덕 감독의 〈악어〉 등 첫 작품이 모두 1996년에 발표되면서 부산국제영화제를 통해 해외에 소개될 수 있었다.

1998년에 개관한 '강변 CGV'와 1999년에 문을 연 삼성동 메가박스를 기점으로 전국으로 확장된 멀티플렉스 영화관이 영화관람 인구를 급속도로 증가시키면서 산업화를 촉발시켰다. 이와 함께 영화 〈쉬리〉(1999, 강재규), 〈공동경비구역 JSA〉(2000, 박찬욱)가 관객 620만 명을 동원함으로써 한국영화의 국내시장 점유율을 1997년의 25%에서 37%와 35%로 끌어 올렸다. 2001년 〈친구〉(2000, 곽경택)가 800만을 동원함으로써 한국영화의 국내시장 점유율은 50%가 되었고 그 이후 작년(2023)까지 50% 이상을 지속하게 되었다.

지금 국내시장의 1,000만 관객 시대를 열게 된 것도 그 출발점은 1999년이다. 삼성, 대우 등 대기업의 영화산업에 대한 투자와 케이블 TV의 개국 또한 1995년에 이루어짐으로써 영화산업을 키우는데 그 속도를 더하게 한 것도 이즈음이다.

셋째, 국제영화제는 자국의 영화를 해외에 알리는 '창구'기능을 한다.

이러한 맥락에서 부산국제영화제는 한국영화가 해외로 진출하는 데에 크게 기여해 왔다.

제2회 영화제에서 상영된 '김기영 감독의 특별전'은 다음 해 2월 베를린영화제에 초대되었다. 안타깝게도 김기영 감독은 베를린영화제가 열리기 직전인 1998년 2월 5일 화재로 부부가 타계함으로써 베를린에서의 김 감독의 특별전을 유작전이 되었다.

칸영화제와 부산영화제는 특별한 관계가 있다.

50주년을 맞았던 1997년까지 칸에 소개된 한국영화는 모두 5편이었다.

1984년 이두영 감독의 〈물레야 물레야〉가 처음으로 칸영화제 '주목할 만한 시선' 부문에서 첫선을 보인 이후 1989년 배용균 감독의 〈달마가 동쪽으로 간 까닭은〉과 1994년 신상옥 감독의 〈증발〉이 같은 부문에서 상영되었고 1996년 양윤호 감독의 〈유리〉가 비평가주간에서 상연되었으며 1997년에는 전수일 감독의 〈내 안의 우는 바람〉이 상영되는 등 50년 동안에 다섯 편이 상영되었다.

그런데 1997년 칸영화제의 영화 선정 책임자 크리스천 존이 부산국제영화제를 방문하기 시작하면서 1998년에는 홍상수 감독의 〈강원도의 힘〉, 허진호 감독의 〈8월의 크리스마스〉, 이광모 감독의 〈아름다운 시절〉과 장은령 감독의 단편영화 〈스케이트〉 등 4편이 한 해에 초청받았고, 다음 해인 1999년에는 단편영화 4편이 초청되어 이 중 송일곤 감독의 〈소풍〉이 심사위원특별상을 받았다.

그 이후 2000년에는 4편의 한국영화가 초청되어 임권택 감독의 〈춘향뎐〉이 사상 처음으로 경쟁부문에 초대되었고, 2002년에는 임권택 감독의 〈취화선〉이 감독상을 받았다. 이처럼 1998년 이후 한국영화는 매년 4편에서 10편씩 칸에 소개됐고 수상도 이어졌다.

1998년 부산에서 개막작 〈박하사탕〉으로 관심을 모았던 이창동 감독은 다음 해 칸의 감독주간에서 〈박하사탕〉이 상영된 후 카를로 바리 영화제에서 감독상을 받았고 2002년 베니스에서는 〈오아시스〉로 감독상과 신인연기자상(문소리)을 받았다.

이처럼 부산국제영화제는 한국영화가 해외로 진출하는 데에 많은 역할을 했다.

▶ 올해 제29회 부산국제영화제 포스터(@부산국제영화제)

22.
부산국제영화제 그 후

| 〈다이빙 벨〉 사건으로 부산시와 격돌, 영화제는 파행

나는 2010년 10월에 개최된 제15회 영화제를 마지막으로 부산국제영화제를 떠났다.

2010년 12월 단국대학교의 석좌교수로 위촉받아 '경쟁력 있는 새로운 대학원의 설립'을 추진했다. 1년간 각계각층의 자문과 조사를 거쳐 '스크립 라이팅, 프로듀싱, 디렉팅' 등 세 분야의 학생들이 협업으로 장편영화를 제작한 후 석사학위를 받는 '영화콘텐츠전문대학원'을 2012년 2월 개원했다.

친구인 남상응, 손광익 롯데엔터테인먼트 대표와 타계한 이인원 롯데그룹 부회장의 도움으로 4년간 매년 4억원의 후원을 받아 학생들의 졸업작품제작을 지원할 수 있었고 5년간 대학원장을 맡아 운영한 후 2017년 초에 퇴임했다.

또한, 2011년 1월 26일 이광재 강원도 지사의 요청으로 초대 민

▶ 제18회 부산국제영화제 작품 선정 발표 기자회견. 왼쪽부터 전양준 부위원장, 이용관 위원장, 김지석 프로그
래머.(작고) (© 부산국제영화제)

간인 '강원문화재단' 이사장을 맡았다가 대학원이 개원하면서 1년
만에 사임했다.

　2013년 3월, 박근혜 대통령이 취임한 후. 청와대 모철민 교육문
화수석으로부터 문화융성위원회 위원장을 맡아 달라는 전화를 받고
'문화' 분야의 '자문' 위원회이기에 수락했고, 7월 25일 취임한 후 2
년 후인 2015년 8월 퇴임했다.

　그동안 부산국제영화제에서는 어떤 일이 일어났을까.

　2014년 제19회 영화제(10.2.~10.11.)를 앞둔 9월 2일 작품선정
기자회견이 열렸다. 선정된 작품 중에 세월호 사건을 다룬 다큐멘터
리영화 〈다이빙 벨〉이 있었다.

　9월 4일 서병수 부산시장이 영화제 측에 상영철회를 요청했다.

나는 당시 베니스영화제에 참석하고 있었다. 이용관 집행위원장이 나에게 전화해서 서병수 시장에게 전화하거나 귀국 후 만나서 사태 수습을 요청했다.

나는 9월 6일 귀국하자마자 서병수 시장에게 전화로 "그대로 상영할 수 있게 해 달라"고 부탁했지만 거절당했다.

국제영화제에서 정부의 압력으로 영화 상영이 최소 되었을 때 그 영화제는 치명적인 손상을 입기 때문에 나는 영화제의 입장을 지지한 것이다.

그 후 영화제에서는 〈다이빙 벨〉을 상영했고, 부산국제영화제와 부산시는 정면으로 충돌했다.

이에 따라 11월 17일 부산국제영화제는 4일간의 감사원 감사를,

▶ 영화 〈다이빙 벨〉 포스터

12월 1일부터 5일간 부산시의 행정지도 감사를 받았다.

2015년 1월 17일 전용성 부산시 부시장이 찾아와 감사결과 이용관 위원장의 사표를 받겠다고 부산시의 입장을 전했지만 나는 만류했다. 그 이후 부산시에서는 1월 23일 이용관 위원장에게 공개적으로 사퇴를 종용했다.

2월 17일 이용관 위원장은 영화제 조직위원장인 부산시장을 만나 공동위원장 제도를 건의했다.

▶〈다이빙 벨〉 제작자들의 기자회견

　4월 30일 영화진흥위원회에서는 2014년의 14억 5천만원의 지원 예산을 2015년에 8억원으로 삭감했다.

　7월 6일 영화제는 임시총회를 열고 배우 강수연을 공동집행위원 장으로 선임했고, 제20회 영화제는 이용관과 강수연 공동집행위원 장 체제로 개최되었다.

　영화제가 끝난 10월 21일 감사원은 감사결과를 부산시에 통보하고 발표했다.

　10월 27일 시의 이병석 국장은 감사결과를 근거로 이용관 위원장 에게 자진해서 사퇴하면 시에서 검찰에 고발하지 않겠다는 뜻을 전 달했다.

　12월 11일 이용관 위원장이 거부하면서 시는 이용관 위원장과 관계자들을 검찰에 고발했다.

새해(2016년)가 접어들면서 국내 영화계와 로테르담, 베를린영화제에서 '부산영화제 지키기'(I Support BIFF) 운동이 일어났다. 부산시와 영화제 간의 갈등이 확산되면서 2월 18일 서병수 시장은 부산국제영화제 조직위원장을 사퇴한다고 발표했다.

부산영화제에서는 환영하지만 '영화제의 독립성을 보장하는 정관개정이 뒤따라야 한다'라는 입장을 발표했다.

이용관 집행위원장은 정기총회개최 직전에 신규 자문위원 65명을 위촉했지만, 3월 14일 부산시는 신규로 위촉한 자문위원에 대한 가처분신청을 법원에 제출했고 법원은 이를 인용, 무효로 판결했다.

나는 이 자리에서 그런데 "왜 전에는 나보고 조직위원장을 맡으라고 했느냐"라고 반문하면서 "내가 맡은 이상 정관을 개정한 후에 영화제를 개최 하겠다"라고 응수했다. 이후부터 이용관 위원장과의 갈등 관계가 지속되었다.

2월 25일 개최된 정기총회에서 이용관 위원장의 연임이 무산되었고 영화제는 강수연 위원장 체재로 전환되었다.

4월 7일 저녁 6시 서울 종로구 인사동 '선천'에서 만난 이용관, 강수연, 김지석은 나에게 후임 조직위원장을 맡아달라고 재차 요구했고, 나는 이를 수락했다.

4월 18일 부산국제영화제는 부산시에 나를 후임 조직위원장으로 선출하는 '원 포인트' 정관개정을 정식으로 요구했다.

4월 18일 영화계 9개 단체는 '정관개정'이 이루어지지 않을 경우, 10월에 열리는 부산국제영화제에 불참할 것을 발표했다.

2월 18일 서병수 시장이 조직위원장을 사퇴한 이후 부산시와 영화제 간의 후임 조직위원장 선임과 이를 위한 정관개정 문제가 본격

▶ '부산영화제 지키기'(I Support BIFF) 운동 집회

적으로 논의되었지만, 합의가 좀처럼 이루어지지 못했다. 강수연 위원장은 나를 후임으로 밀었고 부산시는 반대했기 때문이다.

영화제 개최 여부를 알려야 할 '칸영화제'의 개막일이 다가오면서 후임 조직위원장의 인선이 절박해진 상황에서 서병수 시장과 강수연 집행위원장은 5월 7일 밤에 회동하여 1) 영화제가 요구하는 김동호 조직위원장 위촉안 수용 2) 이를 위한 임시총회를 소집 '원 포인트' 정관개정 3) 올해 영화제가 끝난 후 협의하여 내년 정기총회에서 정관개정 등 3개 항에 전격, 합의했고 5월 9일 부산시청에서 공동기자 회견을 통해 이를 발표했다.

5월 9일 강수연 위원장과 함께 만난 자리에서 이용관 전 위원장은 조직위원장을 맡아 달라고 한 종전의 입장을 바꿔 '정관을 개정한 후'에 맡지 왜 개정도 하지 않았는데 맡았느냐고 강력하게 항의했다.

당시의 정관에 따르면 부산시의 동의 없이는 정관개정은 사실상 불가능했다. 23명(정원 24명)의 조직위원중 시장(위원장), 부시장(부위원장), 담당국장과 시 교육감, 상공회의소 회장, 예총 회장, 민예총 회장 등 7명이 당연직 조직위원이었고 당연직 위원인 강수연 집행위원장과 정희자 아트선재 관장을 제외한 21명이 신문사 사장(부산 국제), 방송사 대표(KBS MBC CBS)를 포함하여 모두 부산 인사들로 구성되어 있기 때문이었다. 이 때문에 영화제와 부산시가 정관개정에 합의를 보지 못해 왔고, 영화제 개최 전까지도 불가능했던 상황이었다. 그런 상황을 잘 알고 있는 이용관 전 위원장의 주장은 결국 올해 영화제를 개최하지 말자는 주장과 같았고 "현 정권 치하에서는 영화제를 하지 말아야 한다"는 강경한 입장이 근저에 깔려 있었던 것으로 보였다.

이에 반해 강수연과 김지석 프로그래머는 어떤 상황에서도 영화제는 열어야 한다는 입장을 고수하고 있었기에 영화제 내부 갈등이 고조되고 있었다.

나는 이 자리에서 그런데 "왜 전에는 나보고 조직위원장을 맡으라고 했느냐"라고 반문하면서 "내가 맡은 이상 정관을 개정한 후에 영화제를 개최 하겠다"라고 응수했다. 이후부터 이용관 위원장과의 갈등 관계가 지속되었다.

SCENE 3

23.
부산국제영화제
조직위원장을 다시 맡고

| 구원투수로 다시 영화제로, 김지석의 타계, 강수연과 동반 퇴진

　조직위원장을 맡기로 한 직후 칸영화제에 갔다 귀국하자 5월 24일 개최된 임시총회에서 나는 조직위원장으로 선출되었다.

　해결해야 할 과제는 산적해 있었고 가장 시급한 일은 영화제를 '정상화'하는 일이었다.

　6월 1일 12시 부산영화제 '보이콧'을 선언한 영화계 '비대위' 9개 단체장을 오찬에 초대, 그들의 요구사항을 들었다. 그들은 '영화제의 독립성과 표현의 자유를 보장하는 정관개정'을 선결 요건으로 제시했다.

　다음날인 6월 2일 파리로 날아가서 내가 회원으로 있는 한불클럽과 불한클럽의 합동회의에 참석한 후 6일 오전에 귀국, 그날 저녁 항

▶ 제21회 부산국제영화제 개막식, 강수연 위원장과 저자(2016. 10.6.)

공편으로 부산으로 가 공항에서 오석근 감독을 만나 그의 의견을 들은 후 바로 다음 항공편으로 서울로 왔다.

7일 저녁 강수연 위원장, 전양준 부위원장, 김지석 프로그래머와 대책을 논의했다. 그들은 그동안 부산시와 접촉했지만, 정관 개정이 쉽지 않고 거의 불가능하여서 영화제 준비에 '올인'하자는 의견이었지만 나는 먼저 정관을 개정한 후에 '비대위'의 영화제 참석을 끌어낸 후 영화제를 열겠다고 했다.

그리고 바로 정관 개정작업에 착수했다.

조직위원회를 이사회 체제로 개편하고 당연직 이사 제도 폐지, 이사장은 이사회에서 추천, 총회에서 선출, 이사는 이사장 추천으로 총회에서 선출, 특히 표현의 자유를 보장하기 위해 "초청작품 및 초청작

▶제22회 부산국제영화제 기자회견(2017년 10월)

가 선정에 관한 사항은 집행위원장과 프로그래머 중심으로 구성된 선정위원회의 고유권한"으로 규정하는 골자의 정관개정안을 마련했다.

정관을 개정하려면 조직위원과 감사로 구성된 임원 회의에서 재적인원 과반수의 찬성을 얻은 후 총회에서 재적 회원의 과반수의 찬성이 있어야 하는데, 부산시가 반대하면 사실상 불가능한 구조였다.

당시 정관과 실제의 구성원으로 보면 부산시장(위원장), 부시장(부위원장), 담당국장, 교육감, 상공회의소 회장, 예총 회장, 민예총 회장, 집행위원장 등 모두 8명이 당연직 조직위원이었고, 임원 23명 중 강수연 집행위원장과 정희자 아트선재 관장을 제외한 21명이 부산 지역 인사였다. 이 중에는 2개 신문(부산 국제), 4개 방송(KBS MBC

▶ 저자는 김지석 프로그래머(작고)의 결혼식에 주례를 맡았다. (1996년 4월 27일)

KNN CBS)사 대표가 포함되어 있었다.

따라서 부산시에서 영향력을 행사하게 되면 시의 의견대로 따를 수밖에 없는 구조였다.

나는 개별적으로 만나 잘 설득한다면 표로 대결하더라도 승산이 있을 것 같았다. 그래서 7월 1일 자로 임원 회의를 소집해 놓고 21명 전원을 대상으로 찾아다니며 설득하기 시작했다.

임원회의 당일인 7월 1일 오전 7시에는 부산시 이병석 국장을 만난 후 10시에 김규옥 부시장을 만나 부탁했지만, 그는 강력하게 반대했다. 오후에 개최된 임원 회의는 참석하기로 약속했던 두 명의 언론사 대표가 김규옥 부시장의 부탁을 받고 불참하면서 성원 미달로 유회되었다.

나는 다시 개별 접촉을 한 후 7월 13일의 임원 회의를 거쳐 7월 22일 임시총회에서 정관개정안을 통과시켰다. 총회에서 김규옥 부시장이 반대의견을 냈지만, 이춘연 영화인회의 대표의 지지 발언으로 부시장과 담당국장을 제외한 총회 구성원 전원의 찬성으로 통과되었다.

7월 25일 16시 비대위 9개 단체장을 만나 정관개정 사실을 알리자 '보이콧'을 풀고 영화제에 참석하겠다고 약속했다. 그러나 단체별로 회원투표에 넘긴 결과 4개 단체는 '보이콧'을 풀고 영화제에 참석하기로 했고, 4개 단체는 '이용관 전 집행위원장의 명예회복'이 선행되어야 한다는 새로운 이슈를 들고나와 '보이콧'을 유지하기로 결정했다. 1개 단체는 회원 각자의 의사에 따라 참석 여부를 맡긴다는 중립을 취했다.

이런 상태에서 나와 강수연 위원장은 2016년 10월 6일부터 15일까지 제21회 부산국제영화제를 개최했다.

영화제가 끝난 후 '정치적 격변'으로 부산국제영화제는 새로운 난관에 직면하게 되었다.

2016년 12월 9일 국회에서 박근혜 대통령 탄핵안이 가결되었고, 2017년 3월 10일 헌법재판소에서 탄핵이 결정되면서 박근혜 대통령이 퇴진했다.

이어서 개최된 대통령선거에서 문재인 후보가 당선, 대통령에 취임했다.

그러자 박근혜 정부에서 문화융성위원장을 지냈다는 점을 들어 영

화계 일부, 특히 조종국 「씨네21」 편집위원을 중심으로 '퇴진' 주장
이 나오기 시작했다.

조종국은 2016년 2월 16일, 서병수 시장이 조직위원장직에서 사
임한 후 후임 인선을 놓고 2~3개월 난항을 겪고 있을 때 4월 2일 자
발행 「씨네21」에 '파국을 막기 위해'란 칼럼에서 "카드가 하나 있다.
국내외 영화계, 사회문화 예술계, 부산지역사회 등 전반적으로 신망
이 두터우며 교집함은 가장 크며 거부감은 가장 적은 김동호 명예집
행위원장을 조직위원장으로 선출하는 원 포인트 정관개정을 해서 올
해 부산영화제를 해야 한다"라고 기고했던 그가 같은 해 12월 13일
「씨네21」에는 '부산영화제 정상화, 김동호 퇴진이 선결 요건'이란 글
에서 "김동호 이사장의 퇴진을 요구하지 않고 있는 영화계도 선뜻 이
해하기 어렵다."라면서 퇴진을 요구했고 같은 취지의 글을 잇달아 기
고했다.

이런 상황에서 5월에 개최된 칸영화제에서 김지석 부위원장이 갑
자기 타계하는 충격적인 일이 발생했다.

강수연과 나는 5월 16일 서울을 출발, 칸영화제에 도착한 후 17일
에 개막한 제70회 칸영화제에 참석했었다. 17일 밤에 도착한 김지석
부위원장이 18일 11시 30분쯤, 해변에 자리한 영화진흥위원회 부스
를 찾아와 우리를 만났다. 그리고는 숙소에 가서 쉬겠다면서 약국에
들른 후 숙소로 갔다.

저녁 7시경 나와 이수원 프로그래머는 영화관에서 있었고, 강수연
위원장은 중국식당에서 외빈과 만나고 있었다. 김지석과 같은 숙소

에 있었던 박도신 프로그래머로부터 김지석 부위원장이 위급하다는 문자를 받고 급히 뛰어갔다. 숙소 밖에는 구급차가 와 있었고 숙소는 출입이 금지된 채 안에서 의사와 경찰관이 검시를 하고 있었다. 모두가 숨죽이고 기다리는데 8시경 김지석은 이미 사망했다고 의사가 전했다. 물을 틀어 놓은 채 욕조 안에 앉아서 숨을 거둔 것이다. 김지석은 인근 병원의 '안치소'로 옮겨졌다.

서울은 새벽 3시, 우선 오석근에게 전화를 해서 미망인에게 조심스럽게 알리도록 했고, 나는 파리의 모철민 한국대사에게 알렸다. 모 대사는 19일 영사 한 분을 파견해 주었다. 5월 20일 11시 부산에서 아들 세현 군이, 13시 30분에는 부인 홍은옥 여사가 박가언 박성호 프로그래머의 부축을 받으며 숙소에 도착했다. 5월 23일 10시 30분 현지에서 화장한 후 '유해'는 저녁 18시 10분 에어 프랑스 항공편으로 니스공항을 출발, 인천공항을 거쳐 부산의 '서호병원'으로 옮겨져 안치되었다. '부산국제영화제장(葬)'으로 결정하고 5월 25일 11시에 발인, 12시 영화의전당에서 영결식을 마친 후 '추모공원'에 안장되었다.

김지석 부위원장의 갑작스러운 타계는 엄청난 충격이었고, 부산국제영화제로서는 막대한 타격이었다. 그는 부산국제영화제의 창설을 제의했고 주도적으로 추진한 부산영화제 창설의 주역이었다.

김지석 부위원장의 갑작스러운 타계는 엄청난 충격이었고, 부산국제영화제로서는 막대한 타격이었다. 그는 부산국제영화제의 창설을 제의했고 주도적으로 추진한 부산영화제 창설의 주역이었다. 아시아 여러 나라에서 구축한 폭넓은 인맥을 통해 부산국제영화제가 목표했던 '아시아의 신인 감독 및 새로운 영화의 발굴 지원'을 가능하게 함으로써 짧은 기간에 아시아 정상의 영화제로 만든 장본인이 바로 김지석이었다.

그는 타계하기 직전까지 영화제 개최를 반대하는 오랜 동료인 이용관, 오석근과 부산영화제를 개최해야 한다는 강수연 위원장 사이에서 부산영화제를 지켜냈고, 갈등이 갈수록 증폭되는 영화제와 부산시 사이에서 중재 역할을 하면서 타계 직전까지 엄청난 '갈등과 심리적 압박'에 시달려 왔었기에 그의 타계는 너무도 안타까웠다.

나는 부산영화제 창설을 준비하면서 1996년 4월 27일 오후 3시 부산 온천장 금강국민호텔 가든에서 열린 김지석과 홍은옥의 결혼식 주례도 맡았고, 그 이후 영화제를 운영하면서 그는 가장 아끼고, 신임했던 동료이자 참모였다. 만약 그가 살아 있었으면 부산국제영화제의 책임을 맡아 오늘과 같은 '파행'이 없이 영화제를 잘 이끌었을 것이라고 지금도 확신하고 있다.

문재인 정부가 출범한 후 6월 22일 국회의원회관 대회의실에서 전재수 의원 주최로 '부산국제영화제 정상화'를 위한 토론회가 열렸다. 조종국 「씨네21」 편집위원, 김상화 부산국제어린이청소년영화제 집행위원장, 이미연 영화감독이 발제자로 발표했다. 남동철 부산영화제 프로그래머와 치열한 공방을 벌였다. 이 자리에서도 나에 대한 '사퇴'요구와 함께 강수연 위원장도 영화계로 돌아가라는 주장(조종국의 발제문)이 처음 대두되었다.

영화제 내부에서도 강수연 위원장의 퇴진 주장이 나오기 시작했다.

7월 14일 전 직원의 연명으로 '이용관 전 위원장의 복귀와 강수연 위원장의 사퇴'를 요구하는 '성명서'가 발표되었다. 나와 강수연 위원장은 이와 동시에 '보도자료'를 통해 두 달밖에 남지 않은 영화제를 최선을 다해 개최한 후에 폐막식과 함께 영화제를 떠나겠다고 발표했다.

그리고 10월 12일부터 개최된 제22회 부산국제영화제를 끝낸 후 10월 21일 폐막식을 마친 후 함께 영화제를 떠났다.

떠밀려 '공동위원장'을 맡아 영화제를 이끌었고, 이용관의 해임으로 단독위원장을 맡아 두 번의 영화제를 지켜냈던 배우 강수연의 충격은 컸다.

▶ 영화배우 강수연 (1966~2022)

강수연은 그 이후 모든 대외활동은 접었고, 병원에 들락거렸으며, 말레이시아에 몇 달씩 체재하거나 심지어 '이주'까지 생각하기도 했었다. 그러다 영화 〈정이〉(연상호 감독)에 주연을 맡으며 새로 출발하는 듯하더니 2022년 5월 7일, 뇌출혈로 홀연히 우리의 곁을 떠났다.

나와 '절친'이었던 세 명이 모두 5월에 세상을 등졌다.

2017년 5월 18일에는 김지석이, 2021년 5월 11일에는 이춘연

▶ 부산에 연고를 둔 롯데자이언트 야구팀의 홈경기가 열린 날 시구를 하였던 배우 강수연과 저자, 사직야구장에서. (ⓒ 부산국제영화제)

영화인 대표가, 2022년 5월 7일에는 강수연이 타계했다. 5월은 정녕 나에게 '잔인한 달'인가 보다.

ㅣ김동호 연보

1937년 강원도 홍천 출생
경기고 졸업(1956), 서울대 법대 졸업(1961)
공보부 입부(1961), 문화공보부 문화 · 보도 · 공보 · 국제교류국장(1972~1980)
동 기획관리실장(1980~1988), 영화진흥공사 사장(1988~1992),
초대 예술의전당 사장(1992), 문화부 차관(1992~1993),
부산국제영화제 창설 · 집행위원장(1996~2010) 동 이사장(2016~2017),
대통령직속 문화융성위원장(2012~2017)

국제영화제 심사위원장

로테르담영화제(97), 아시아태평양영화상(2016) 등 17회

심사위원

칸영화제 '주목할 만한 시선'(2010), 몬트리올(2011), 모스크바(2012),
인도 푸네(2023) 등 17회

ㅣ수상

황조근정훈장(1993), 은관문화훈장(2005), 만해문예대상(2023)
프랑스정부 최고훈장 레지옹 도뇌르 슈발리에(2014),
몽블랑문화예술후원자상(2015) 등

ㅣ저서

『김동호의 문화노트』(글마당 앤 아이디얼북스, 2024),
『김동호와 부산국제영화제』(글마당 앤 아이디얼북스, 2024),
『영화, 영화인 그리고 영화제』(문학동네, 2010),
영문판 『MR. KIM Goes to Festival』
공저 『구주 및 유럽의 영화정책』(영화진흥위원회, 2000),
『한국영화상영관의변천과 발전 방향』(문화관광부, 2001),
『한국영화정책사』(나남, 2005)